RAYMOND

LE PILOTE BOULANGER

MERCENAIRE

RÉCIT DE
DANIEL RENAUD

Catalogage avant publication de Bibliothèque et Archives
nationales du Québec et Bibliothèque et Archives Canada

Renaud, Daniel, 1965-
Raymond Boulanger : le pilote mercenaire
ISBN 978-2-89705-208-9
1. Boulanger, Raymond, 1948-   . 2. Drogues - Trafic. 3. Passeurs de drogues
- Québec (Province) - Biographies. 4. Pilotes d'aéronef - Québec (Province) -
Biographies. I. Titre.
HV5805.B68R46 2013   363.45092 C2013-941659-5

Présidente Caroline Jamet
Directrice de l'édition Martine Pelletier
Directrice de la commercialisation Sandrine Donkers

Éditeur délégué Yves Bellefleur
Conception de la couverture Rachel Monnier
Photographie de la couverture arrière Hugo-Sébastien Aubert, *La Presse*
Montage Yanick Nolet
Révision linguistique Michèle Jean

L'éditeur bénéficie du soutien de la Société de développement des entreprises
culturelles du Québec (SODEC) pour son programme d'édition et pour ses
activités de promotion.

L'éditeur remercie le gouvernement du Québec de l'aide financière accordée à
l'édition de cet ouvrage par l'entremise du Programme de crédit d'impôt pour
l'édition de livres, administré par la SODEC.

Nous reconnaissons l'aide financière du gouvernement du Canada par l'entremise du Fonds du livre du Canada (FLC).

LES ÉDITIONS **LA PRESSE**
Les Éditions La Presse
7, rue Saint-Jacques
Montréal (Québec)
H2Y 1K9

RAYMOND
LE PILOTE BOULANGER
MERCENAIRE

RÉCIT DE
DANIEL RENAUD

Les Éditions **LA PRESSE**

Table de matières

Le pilote des cartels

Un simple clin d'œil à un photographe de *La Presse* aura suffi à rendre le criminel Raymond Boulanger, le fameux «pilote de Casey», sympathique aux yeux de plusieurs Québécois. L'aventurier et mercenaire est loin d'être un ange mais son style, sa personnalité et certains de ses «exploits» ont marqué les annales criminelles du Québec et le placent dans une catégorie à part au sein de la canaille.

Devenu célèbre à la suite de l'échec de l'importation de quatre tonnes de cocaïne au Québec pour le compte de la mafia italienne montréalaise, en novembre 1992, Boulanger était aux commandes d'un bimoteur lors de cette envolée périlleuse depuis la Colombie jusqu'en Haute-Mauricie. Rempli de bidons d'essence, son avion était une véritable bombe prête à sauter au moindre pépin.

Le journaliste Daniel Renaud a souvent écrit sur Boulanger, tant au *Journal de Montréal* qu'à *La Presse*, ce qui en fait un témoin privilégié de la carrière de Raymond Boulanger. C'est ainsi qu'à la lecture du manuscrit, on découvre d'autres chapitres de la vie du pilote. Ses liens avec la CIA américaine, son implication avec les chefs des cartels de la drogue de Medellin et de Cali, son enlèvement par des rebelles marxistes de Colombie et son implication dans la vente de pièces d'avions à des pays du Moyen-Orient sont en effet peu connus.

Au Québec et au Canada, comme ailleurs dans le monde, il y a toujours eu des bandits qui sont sortis du rang. Boulanger est l'un de ceux qui se retrouvent en haut de la liste.

Chez nous, les exploits du gentleman cambrioleur Georges Lemay, dans les années 1960, avaient fait beaucoup jaser, notamment le supercambriolage de la chambre forte d'une banque du centre-ville de Montréal. Mais ce qui l'avait démarqué de la famille criminelle locale, c'étaient ses entrevues à des journalistes choisis et son évasion d'une geôle de Floride. Lemay, décédé il y a quelques années, avait été soupçonné du meurtre de son épouse, mais cette « tache » à son dossier n'avait pas trop nui à son image.

Richard Blass, une autre canaille locale, avait réussi à se démarquer en écrivant aux journalistes. Blass, toutefois, n'a jamais réussi à attirer la sympathie du grand public à cause de ses 27 meurtres commis pour des peccadilles.

Dans le cas de Boulanger, le lendemain de son arrestation, il avait fait une entrée pour le moins remarquée au palais de justice de La Tuque. Des photographes et des caméramans avaient capté son fameux clin d'œil. Boulanger soutient aujourd'hui que c'était plutôt un tic, mais, clin d'œil ou tic, cette photo a fait le tour du pays.

Quoi qu'il en soit, l'histoire de cette importation de 4325 kilos de cocaïne était majeure. Des criminels québécois avaient déjà été impliqués dans de monumentales affaires de trafic de drogue. De petits avions avaient aussi servi à importer des quantités moindres de cocaïne. Les Hells Angels avaient quant à eux utilisé un petit aéroport de la région de Sorel pour introduire chez nous au moins quatre cargaisons de 500 kilos chacune.

C'est l'incompétence des hommes de main de la mafia chargés de récupérer la drogue sur la piste abandonnée de Casey qui a conduit à l'arrestation du pilote et de ses trois complices colombiens et causé une lourde perte pour l'organisation criminelle.

Une fois pris au piège par les policiers lancés à leurs trousses, les importateurs ont cherché à se sauver. Réalisant qu'il était cuit, Boulanger, lui, avait tenté de joindre un enquêteur de la Sûreté du Québec spécialisé dans les réseaux criminels. Une fois connue cette conversation avec le policier, la réputation de Boulanger en a pris un coup, ce qui l'a rendu suspect parmi certains criminels. En effet, comment un criminel coincé dans un coin perdu avec quatre tonnes de cocaïne peut-il espérer améliorer son sort ? Cette affaire lui causera bien des soucis en prison.

Le monde carcéral fait évidemment partie de la vie de Boulanger. On peut lire dans le récit de Daniel Renaud de nombreux exemples de ce qui s'y passe. Avec ses règles de conduite strictes, les lecteurs découvriront l'univers qu'a été celui de Boulanger, le pilote des cartels.

Un récit à découvrir.

Michel Auger

Le pire est à venir

Sur une route de terre enneigée bordée d'épinettes, quelque part en Haute-Mauricie, un homme marche lentement, fixant le sol, perdu dans ses pensées. On est en novembre 1992, il fait près de moins 20 degrés. Il avance, les bras croisés, pour se protéger du froid. Chacune de ses respirations laisse échapper un nuage de fumée. Malgré tout, le marcheur solitaire au teint basané ne porte qu'un jean, un veston de cuir, une chemise et des souliers, des vêtements qui détonnent dans ce décor figé.

En prenant bien soin de ne pas tituber sur les plaques de glace cachées sous la neige, l'homme passe ses doigts crasseux dans sa chevelure bouclée et hoche la tête, incrédule, se demandant comment il a pu en arriver là. Lui qui avait tout prévu, qui règle toujours tout au quart de tour et qui est l'instrument d'organisations criminelles redoutables qui ne lésinent pas sur les moyens et ne laissent jamais rien au hasard. Voilà que, abandonné de tous, il erre en se questionnant sur son sort, mais aussi en se rappelant tous les dangers qu'il a affrontés et toujours surmontés durant sa vie.

Soudain, le vrombissement d'un moteur couvre le bruit de ses pas sur le sol gelé. L'homme se retourne et hèle la camionnette orange dont le conducteur ralentit, avant de s'arrêter à sa hauteur. Le piéton ouvre la portière et s'adresse au chauffeur :

– Bonjour. Allez-vous vers Casey ? J'ai besoin d'un *lift*.

– Embarque. Es-tu avec l'avion ?

– Oui, c'est moi le pilote. Y a-t-il moyen d'avoir un transport pour sortir du secteur ?

– Non, on a reçu l'ordre par radio de ne prêter assistance à aucun étranger. Une opération policière est en cours et la seule voie de sortie possible, c'est d'ici jusqu'à La Tuque, et il y a un barrage routier. Tout ce que je peux faire, c'est vous amener au camp de la Stone Consol, dit le conducteur.

– C'est bon, je viens avec vous, se résigne l'autostoppeur en montant à bord.

Le véhicule repart. La chaleur de l'habitacle a beau réconforter le passager frigorifié, il sait bien que c'est la fin et que le pire est à venir.

Le visage tourné vers la vitre de la portière, il regarde défiler la forêt boréale comme le film de sa vie, une vie hors de l'ordinaire sur laquelle il pourra bientôt longuement méditer…

Chapitre 1

Une voie toute tracée

La pomme ne tombe jamais loin de l'arbre. Les racines aventurières de celui que l'on surnomme le «pilote de Casey» sont profondes.

Dans la famille Boulanger, on dit que le grand-père, Auguste, a fait son argent en participant à la périlleuse ruée vers l'or au Yukon, à la fin du 19e siècle. Avec ce pécule, il a acheté des terres sur la Côte-Nord, où il faisait la coupe du bois, puis une cabane à sucre et des terrains dans le Bas-du-Fleuve, notamment à Saint-Fabien-sur-Mer et à Pointe-au-Père. Sur ces terrains se dresse aujourd'hui le monument commémorant le tragique naufrage de l'*Empress of Ireland*, le 29 mai 1914.

Pour agrandir son patrimoine, un autre genre de fortune a souri à Auguste Boulanger. À Saint-Octave-de-Métis, le curé cherchait désespérément à marier sa dévote servante, Armandine. Il a fait à Auguste une offre qu'il ne pouvait pas refuser : «Si tu maries ma servante, je te donne le terrain à côté de l'église, avec la maison qui est dessus», a proposé l'abbé à Auguste, qui a accepté.

Quelques années plus tard, entre deux chapelets, Armandine a donné naissance à un fils. C'est là, dans la vieille maison de bois construite à côté de l'église, que Wilfrid Joseph Boulanger, le père de Raymond, a poussé son premier cri en 1922.

On est en pleine prohibition aux États-Unis et le jeune Wilfrid, qui n'a que 12 ans, se poste à la sortie de la rivière Métis pour écouter les moteurs des vedettes des douaniers et prévenir les contrebandiers qui ravitaillent au large les bateaux qui se rendront ensuite à Boston ou une autre grande ville de la côte est américaine pour livrer le précieux whisky canadien. Les moteurs des navires des autorités émettent un son différent de ceux des contrebandiers, beaucoup plus rapides et trafiqués pour être les plus discrets possible. Wilfrid et ses amis sont payés 25 cents de l'heure pour leurs talents d'espion, une forte somme pour l'époque.

Adolescent, Wilfrid Joseph travaille sur les terres de son père et se déplace de village en village pour faire le commerce des peaux. Mais, à l'âge de 18 ans, le goût de l'aventure qui circule dans les veines familiales le gagne à son tour. La guerre fait rage en Europe et il s'engage comme volontaire dans le régiment des Royal Canadian Engineers.

Son baptême du feu a lieu sur une petite île au large de la Norvège, Spitzberg, qui sera tout au long de la guerre le théâtre d'un bras de fer plutôt méconnu entre les alliés et les Allemands, qui y ont installé des tours de communication. En août 1941, c'est l'opération *Gauntlet* et, le cœur battant, Wilfrid débarque sur l'île, entouré de jeunes soldats canadiens, anglais et norvégiens. Mais le combat est de courte durée et ne passera pas à l'histoire. La poignée de défenseurs germaniques livrent une résistance symbolique. C'est le premier fait d'armes d'une longue liste sur laquelle apparaîtront plus tard des noms plus prestigieux.

Wilfrid est en effet de la célèbre 8e armée du général anglais Bernard Montgomery et sera de la fameuse 2e bataille d'El Alamein à l'issue de laquelle le maréchal allemand Irwin Rommel, le « Renard du désert » et chef de la redoutable Afrika Korps, sera chassé d'Afrique du Nord en 1942. L'année suivante, il prendra part à la course effrénée qui opposera Montgomery au coloré général américain George Patton lors de la conquête de la Sicile. Il parcourra ensuite les routes de l'Italie sur sa motocyclette en tant qu'estafette et prendra part à la campagne de Belgique et à l'opération *Market Garden* en Hollande, au cours de laquelle les Alliés tenteront de s'emparer de plusieurs ponts. Mais l'offensive culminera par une frustrante défaite immortalisée de brillante façon dans le chef-d'œuvre de 1977 de Richard Attenborough, *Un pont trop loin*, basé sur les travaux du journaliste Cornelius Ryan.

*

Mais, entre deux batailles, Wilfrid s'amuse. Son régiment est basé à Inverary, en Écosse, et ses permissions l'amènent régulièrement, lui et ses compagnons de régiment, à passer du bon temps à Glasgow.

Un soir, lors d'une danse, son regard s'arrête sur une jolie brune qui ne semble pas indifférente aux charmes du soldat. Les présentations ne tardent pas. Jean Rennie Crichton a 18 ans et fait son effort de guerre elle aussi, comme toutes les Européennes de son époque. À la sueur de son front, elle fabrique des pièces de bateaux et de véhicules militaires sur un chantier de la grande ville industrielle écossaise. C'est le coup de foudre. Tellement, que le couple se marie l'année suivante à la chapelle de Shettleston. «Pour le meilleur et pour le pire», déclare le célébrant. Il ne croit pas si bien dire car immédiatement après la cérémonie, Wilfrid repart à la guerre et les tourtereaux ne se verront pas durant presque trois ans.

Qui prend mari prend pays. Peu de temps après l'union, Jean traverse l'Atlantique. Elle débarque à Québec où elle est accueillie par son beau-père, Auguste, qui lui remet un élément essentiel à sa nouvelle vie : un manteau de fourrure. Une fois que les clameurs et la liesse de la victoire qui s'étaient élevées dans les rues des capitales européennes se sont tues, Wilfrid, qui est bardé de médailles mais qui a contracté la malaria en Afrique, revient au Québec et retrouve sa bien-aimée.

Mais ce mariage divise la famille Boulanger, dont une partie est très catholique. L'oncle de Wilfrid est l'archevêque de Rimouski et il n'accepte pas que son neveu ait uni sa destinée à une protestante. Wilfrid n'est pas excommunié mais est rejeté par plusieurs membres de sa parenté. Qu'à cela ne tienne, malgré les vents et marées qui n'arrivaient pas seulement du fleuve Saint-Laurent situé tout près, le couple s'installe à Sacré-Cœur, en banlieue de Rimouski, dans une coquette maison de brique et de bois construite par le gouvernement à l'intention des anciens combattants, sur une rue justement nommée avenue des Vétérans rebaptisée aujourd'hui rue des Braves. Wilfrid s'est déniché un emploi stable de comptable à la compagnie Price. Le temps est venu de grossir les rangs de la famille. Le couple a un premier enfant, Alexander, en août 1946. Il sera suivi d'un autre garçon, un an et demi plus tard.

*

John Raymond Boulanger, de son nom complet, est né le 17 février 1948 à l'hôpital de Rimouski. À peine âgé de deux ans, il échappe à la garde de ses parents et suit la voie ferrée qui passe tout près de la maison, à la recherche de bleuets et pour atteindre l'endroit où les deux rails se touchent, à l'horizon. Les remontrances à répétition de sa mère paniquée n'y changeront rien. Ce sont les premiers pas d'une vie ponctuée d'aventures.

La sœur de Raymond, Margaret Abigail, voit le jour en juillet 1950. Quelques années plus tard, Wilfrid devient comptable pour une fonderie de Mont-Joli, où la famille s'installe. À cette époque, la petite ville située aux limites du Bas-Saint-Laurent et de la Gaspésie vit au rythme des moteurs des milliers d'avions qui la survolent durant toute l'année. Le maire de la municipalité, Benoît Gaboury, est lui-même un ancien pilote de l'aviation royale canadienne et un héros de la déterminante bataille d'Angleterre durant la Seconde Guerre mondiale.

Mont-Joli est en effervescence et est envahie par des milliers de travailleurs étrangers attirés par la construction de la ligne de radars DEW (Distant Early Warning). Il s'agissait d'aménager un chapelet de tours de communication et de bases dans le Grand Nord du Québec pour prévenir une éventuelle invasion des Russes en cette époque de la guerre froide. Deux autres lignes semblables, la Mid Canada Line et la Pine Tree Line, sont également construites plus au sud.

L'aéroport de Mont-Joli est un point de départ vers les chantiers et, chaque jour, d'énormes appareils C-124 Globe Master de la US Air force décollent et atterrissent, laissant sur place des tonnes de matériel qui s'empilent. Ces travailleurs venus d'ailleurs, aux drôles d'accents et aux noms allemands, néerlandais, anglais et américains, parlent surtout anglais. Ce sont des mécanos, des opérateurs radio mais également des pilotes.

L'un d'eux, Jack Goucher, un Floridien, occupait le logement du haut dans le duplex que la famille Boulanger habitait au 29, avenue Ross. Goucher avait un oiseau parlant appelé *Tweety Bird* à qui il avait appris quelques mots, dont *f… you*, que l'animal répétait constamment, ce qui faisait damner sa femme May. Plus sérieusement, durant la Seconde Guerre mondiale, Goucher avait fait partie du fameux premier groupe de volontaires du général Claire Lee Chennault, chef du redoutable escadron des Flying Tigers dont les appareils étaient facilement reconnaissables par les mâchoires de requin peintes de chaque côté, à l'avant, près du moteur. En Chine, Goucher avait abattu plusieurs chasseurs Zero japonais et était considéré comme un héros. Il l'était également pour le petit Raymond qui avait alors environ cinq ans et qui se passionnait pour les histoires du pilote. C'est le premier contact de Boulanger avec l'aviation et avec un mercenaire, et il ne l'a jamais oublié. Il se souvient que Goucher lui avait donné son casque de cuir et que c'est à compter de ce moment qu'il s'est mis à rêver d'une telle vie. Mais, en attendant, il devait grandir et tout apprendre, que ce soit sur les bancs de l'école ou ceux de la vie.

*

Chez les Boulanger, on parle anglais à la maison. Pour Jean Crichton, il n'est pas question que ses enfants fréquentent l'école française, d'autant plus que ce sont des prêtres catholiques qui y enseignent. Mais il y a un hic. En 1955, l'arrivée à Mont-Joli de tous ces étrangers et leurs enfants parlant la langue de Shakespeare fait en sorte que rapidement, la petite école anglaise de Métis ne suffit plus à la demande.

Qu'à cela ne tienne. Mme Boulanger et d'autres mères anglophones de Mont-Joli fondent la Commission scolaire protestante du Grand Métis et aménagent une école dans un bâtiment situé directement sur le terrain de l'aéroport, offert gracieusement par la Maritime Central Airways de Charlottetown. La centaine d'écoliers est séparée en deux groupes, les plus jeunes dans une classe et les plus vieux dans l'autre. Les amis de Boulanger ont pour noms Bekker, Burt, Craig, Baker, Morden et Koster. Ces derniers, le garçon et la fille, sont des Allemands et un jour, un compagnon les insulte en les qualifiant de nazis. Emporté par sa colère, un des enfants Koster administre une solide raclée à l'auteur de l'injure. La maîtresse, Mme McEwen, est obligée d'intervenir. «Elle nous a dit que nous devions traiter tout le monde avec respect. Que tous les Allemands n'étaient pas des nazis. Ce fut mon premier cours de sciences politiques», se souvient Raymond Boulanger.

Chaque minute, le décollage d'un DC-3 ou l'atterrissage d'un Curtis Commando C-46 enterre les explications de la pauvre enseignante qui se démène comme elle peut pour inculquer quelques notions à ses élèves. En plus du bruit très particulier des Avro York munis de quatre moteurs Rolls Royce de 12 cylindres, les mêmes que ceux des célèbres Spitfire de la Royal Air Force, l'enseignante doit lutter contre l'inattention de ses élèves bien plus intéressés à deviner, au son des vrombissements, le type d'appareil qui vient d'atterrir ou de décoller et à jouer à «qui l'a reconnu en premier», qu'à apprendre l'histoire de Jacques Cartier ou les noms des capitales du monde.

Plusieurs des compagnons de classe de Boulanger sont des fils et des filles de pilotes et même lorsqu'ils ne sont pas en classe, les enfants passent leur temps le long des pistes de l'aéroport, fascinés par ces avions qui arrivent et repartent en faisant un boucan d'enfer. Mais l'aéroport est en quelque sorte leur terrain de jeu. Le matériel empilé leur sert de fortifications lors des traditionnelles batailles des cowboys contre les Indiens. Les baraques abandonnées deviennent des cachettes lorsqu'ils sont repérés et pourchassés par les gardiens de sécurité. Sur le terrain se dresse également une longue structure oblique en béton remplie de sable qui servait autrefois de cible aux pilotes des chasseurs lorsqu'ils s'exerçaient au tir. Raymond et ses amis s'amusent à fouiller le sable, à la recherche de têtes de projectiles, lorsqu'un événement leur fait réaliser une autre facette de la vie de pilote.

Un Beaver DHC-Z de la compagnie De Havilland avec un pilote et son copilote à bord vient de décoller et n'a atteint que quelques mètres de hauteur lorsque soudain, il décroche, se retourne et s'écrase violemment au sol, au bout de la piste. Le vacarme et le nuage de poussière, de débris et de fumée attirent l'attention du garçon et de ses amis qui se ruent sur la scène. Celle-ci en est une de désolation. Les enfants ont le sang glacé par ce qu'ils voient : les cadavres des deux hommes, qui ne laissent aucun doute sur leur mort instantanée. Mais il y a pire. L'un des enfants du groupe reconnaît son oncle parmi les victimes. «Ce fut mon premier contact avec la mort et les risques de l'aviation», se rappelle Boulanger, qui n'a rien oublié du drame. Durant sa vie, lui et ses amis, dont plusieurs deviendront également pilotes, seront confrontés au décès en vol d'un proche.

*

En 1960, Raymond Boulanger a 12 ans et n'est plus en âge de fréquenter l'école primaire. Le problème, c'est qu'il n'y a pas d'école anglaise de niveau supérieur. De toute façon, la demande pour une telle école s'est estompée, puisque les belles années de la construction de la DEW Line sont passées et que Mont-Joli se vide peu à peu de ses travailleurs étrangers.

Mais cela n'ébranle en rien la mère de Raymond qui ne veut toujours rien savoir d'une éducation en français pour ses enfants. Jean les envoie donc chez leurs grands-parents maternels à Glasgow, en Écosse. Durant l'année scolaire, les jeunes habitent dans une maison en rangée située au 94, Quarrybrae Street et fréquentent l'école préparatoire Eastbank Academy dans le quartier du même nom, tandis que durant l'été, ils retrouvent leurs parents à Mont-Joli.

Au début des années 60, le père de Raymond commence lui aussi à voler et fonde, avec des gens d'affaires de la région, l'Aéro-club du Bas-Saint-Laurent. «Je me souviens que parfois, je m'assoyais sur les genoux de mon père pendant qu'il pilotait», raconte Boulanger. Sa passion ne s'en trouve que décuplée. Si bien qu'à son retour en Écosse pour la nouvelle année scolaire, il s'inscrit chez les cadets de l'air, ce qui le force à déménager. Il part donc vivre chez son oncle, John Stirling, à Rouken Glen où il fréquente le collège Eastwood.

Cette période de sa vie n'aurait pas été particulièrement mémorable, n'eût été la présence de la femme de son oncle, originaire de l'île Maurice. Marie Florence Thérèse de Bourbon – c'était son nom – a reçu une éducation digne des aristocrates et apprend les bonnes manières à Raymond, devenu un adolescent costaud.

En juin 1964, Raymond quitte l'Écosse, où il ne retournera plus, et revient passer l'été avec sa famille dans un chalet du lac Long, dans le Témiscouata. Il apprend alors que son père a obtenu un poste à la compagnie Clark Transport de Montréal. Les Boulanger arrivent dans la grande ville et s'établissent sur la rue des Angevins, à Anjou. Le monde s'ouvre alors à Raymond Boulanger qui, malgré son jeune âge, n'a pas l'intention d'attendre les événements, les bras croisés.

Chapitre 2

La passion de « Cowboy »

La voie de Raymond Boulanger est toute tracée. Il veut devenir pilote, mais, pour parvenir à ses fins, il doit gravir les échelons un à un.

Durant l'été 1964, il entend dire que la compagnie Quebecair cherche des agents d'opération. Créée 10 ans plus tôt, l'entreprise ne cesse de grossir; elle est considérée comme le chef de file du transport régional au Québec et constitue une fierté en ces premiers jours de la Révolution tranquille. Quebecair vit alors ses plus belles années et les Douglas DC-3 et les F-27 de la compagnie desservent tout l'est du Québec, la Côte-Nord, le nord de la province et la DEW Line.

Quebecair manque cruellement de répartiteurs, opérateurs radio et observateurs météo. Boulanger n'allait pas manquer une telle occasion. À 16 ans, il a la carrure d'un homme mais une allure juvénile, alors que l'âge minimum pour occuper un des emplois recherchés est 20 ans. C'est là un détail pour cet adolescent déluré. Pour avoir l'air plus vieux lors de son entrevue, il teint en noir sa pâle moustache naissante. Le directeur du personnel chez Quebecair à Rimouski, Delmas Lévesque, n'y voit que du feu. Boulanger fait bonne impression et est embauché. Ce sera sa première entorse aux règles établies. Il y en aura bien d'autres.

Si la vie de mercenaire et d'aventurier de Boulanger a été trépidante, sa carrière professionnelle commence dans le calme le plus total. Après avoir suivi une formation d'environ deux mois donnée par le ministère des Transports du Canada à l'aéroport de Dorval, il est envoyé à l'aéroport de Wabush, à la limite du Labrador, où il arrive au mois d'août. À l'époque, Wabush n'est même pas considérée comme une ville. Elle le deviendra deux ans plus tard.

Boulanger et ses collègues vivent dans un imposant baraquement sur le terrain de l'hôtel Wilfred Grenfell, du nom d'un célèbre missionnaire et médecin britannique qui avait fondé un hôpital au Labrador au tournant du 19e siècle. L'adolescent assure l'ennuyant quart de travail de nuit, de minuit à 8 heures. «C'était long et plate», se souvient-il, mais la paie, qui est importante pour l'époque, fait oublier tous les désagréments. Toutes les heures, il faut sortir braver le froid, examiner le ciel et rapporter toutes les conditions : les nuages, la visibilité, la direction des vents, les températures, la pression barométrique et tous les phénomènes météorologiques présents. «Aujourd'hui, cela se fait par ordinateur, mais, dans ce temps-là, ça se faisait à l'œil», dit-il.

Boulanger échange également par radio avec les pilotes des appareils effectuant des vols internationaux, surtout des avions de la US Air Force arrivant du Groenland et autres aéronefs du MATS (Military Air Transport Service). Il note leurs positions et plans de vol, communique directement avec les contrôleurs de la base de Goose Bay, au Labrador, qui gèrent tout le trafic aérien du secteur. Cette même base de Goose Bay d'où décolleront, 30 ans plus tard, deux F-18 lancés aux trousses d'un certain Convair 580 bourré de cocaïne…

*

Déjà, à 17 ans, Raymond Boulanger n'est pas du genre à se contenter d'une petite vie tranquille. Il rencontre à Wabush un homme qui aura une très grande influence sur sa vie : Wayne

Tuck, un ingénieur de Terre-Neuve. Tuck travaille à la mine Iron Ore de Labrador City, qui attire beaucoup de monde à cette époque, et se déplace avec son propre avion, un Fleet Canuck, un petit appareil de toile très rare devenu un classique de l'industrie de l'aviation canadienne.

L'ingénieur terre-neuvien est souvent à l'aéroport de Wabush où il rencontre Boulanger. Très vite, Tuck réalise la passion pour l'aviation qui habite l'adolescent et se lie d'amitié avec lui. Il l'emmène voler régulièrement et lui permet de diriger l'un des deux manches à balai du Fleet Canuck mû par un moteur à hélices de 85 forces. Souvent, c'est même Boulanger qui prend les commandes de l'avion. « Tuck a été quelqu'un de marquant dans ma vie. J'ai appris à raffiner mon pilotage avec lui, il était très habile », se rappelle le Rimouskois.

En même temps qu'il vole pour le plaisir avec Tuck, l'adolescent suit un cours de pilotage à l'Aéroclub de Wabush-Labrador City. L'instructeur ontarien, Roy McIntosh, un autre employé de l'Iron Ore, constate rapidement que Boulanger a déjà de l'expérience. À l'issue d'un cours accéléré de quelques heures visant simplement à s'assurer que le jeune homme saura se débrouiller, il lui permet d'effectuer son premier vol solo.

Ce 6 avril 1965 est encore gravé dans la mémoire du pilote. Seul aux commandes d'un Piper Cub J-3, Boulanger conduit lentement l'appareil au bout de la piste. Les doigts crispés sur le manche à balai, le cœur battant aussi vite que tournent les hélices, le jeune homme regarde nerveusement la chaussée qui s'étend devant lui. Il pousse le manche vers l'avant et le Piper se met en branle, avalant l'asphalte de plus en plus vite. Les roues quittent le sol et l'aéronef devient léger. L'appareil prend de l'altitude et, au fur et à mesure, le visage du pilote s'illumine. Ce premier vol au-dessus de la cime des épinettes durera 20 minutes et l'atterrissage se fera sans encombre. Aujourd'hui, 50 ans plus tard, Boulanger admet qu'il n'aurait jamais réussi ce premier test et ne serait jamais devenu le pilote qu'il est sans les précieux conseils de Wayne Tuck.

Ce premier vol solo est suivi de quelques autres, mais ce n'est pas assez pour l'insatiable Boulanger pour qui, tout ce qui compte maintenant, c'est d'obtenir sa licence de vol privé. À la fin de mai, il quitte donc son travail à Wabush et rejoint ses parents, à Montréal, pour suivre son cours de pilotage.

Il s'inscrit à l'école Won-Del, du nom de ses deux propriétaires, Tommy Wong et Roger Delaquis, qui se trouve sur le terrain de l'aéroport de Cartierville. Cet aéroport, qui a avait été aménagé avant la Première Guerre mondiale dans le secteur des actuels boulevards Marcel-Laurin et Henri-Bourassa, a connu ses plus belles années durant la Seconde Guerre alors que la compagnie Canadian Vickers, devenue Canadair, y construisait des avions. Le gouvernement fédéral a fermé l'aéroport de Cartierville en 1968. Sur ces terrains a été ensuite construit un ensemble résidentiel appelé Bois-Francs.

Grâce à ses cours, Boulanger obtient sa licence privée en 1965 et sa licence commerciale l'année suivante. Il devient ensuite instructeur et enseigne tout l'été 1966 à des cadets de l'air. Outre les cours, l'école Won-Del offre également des tours d'avion et Boulanger reçoit les clients au comptoir. Il maugrée contre son maigre salaire d'un dollar de l'heure. Mais l'argent n'est pas tout dans la vie.

Un jour, en effet, deux étudiantes, Louise et Marie-France, se présentent au comptoir pour survoler la ville. Raymond Boulanger et son compagnon de travail, Ghislain Durocher, sont hypnotisés par la beauté des deux jeunes femmes moulées dans les fameuses «robes à gogo» de l'époque aux imprimés fleuris.

«Je me souviens que lorsque Marie-France et moi sommes arrivées chez Won-Del, tous les pilotes voulaient nous offrir le fameux tour mais c'est finalement Ghislain qui a été l'heureux élu », raconte Louise. Après le vol, celle-ci montre clairement à Boulanger qu'elle n'est pas indifférente. « Il m'a plu dès le premier regard. Il était très beau et plein de charisme. L'attraction physique était très forte », poursuit Louise, qui donne son numéro de téléphone au jeune pilote. C'est le coup de foudre. Boulanger épousera Louise en septembre 1969. « C'était mon premier amour. Je me suis mariée très jeune, inconsciente et catholique », dit aujourd'hui la femme. Fait étonnant, Ghislain Durocher épousera de son côté l'amie de cette dernière, Marie-France.

Louise a volé plusieurs fois avec son mari. Tous les dimanches matin, le couple atterrissait dans un champ devenu aujourd'hui la piste de Sanair et offrait des tours d'avion après la messe à Saint-Pie-de-Bagot, d'où sa famille était originaire. Elle se souvient d'un jeu qu'elle avait baptisé « chasse au train » au cours duquel Boulanger piquait vers le sol comme les Stuka allemands de la Seconde Guerre mondiale et survolait les trains en mouvement. Elle se rappelle également de rase-mottes au-dessus des terrains de camping durant l'heure du déjeuner. « C'était totalement illégal mais hilarant. On voyait les campeurs sortir de leurs tentes et échapper leurs poêlons tellement ils étaient surpris et terrorisés », ricane encore Louise 45 ans plus tard.

Mais la maigre paie, qui oblige Boulanger à joindre les deux bouts en travaillant aussi la nuit à la section cargo d'Air Canada à Dorval, l'incite, ainsi que Ghislain Durocher, à quitter Won-Del pour enseigner chez Galaxie, un aéroclub de Sainte-Thérèse dont la façade était construite avec un ancien fuselage d'avion hors service. C'était un mauvais présage.

Le 28 mai 1967, un ami de Boulanger, Robert Arsenault, lui demande d'être son copilote lors d'un vol d'essai d'un Aeronca Chief, un petit biplace en toile emprunté à une connaissance. Il est 18 h 15. Le vol au-dessus de Sainte-Thérèse doit durer à peine une quinzaine de minutes. Louise et Ghislain Durocher assistent au décollage, envoient la main aux deux hommes et regardent l'appareil s'éloigner. Mais ce dernier n'ira pas loin :

immédiatement après être sorti du périmètre de l'aéroport, l'appareil décroche et tombe dans la forêt du camp Bouchard, un dépôt de munitions des Forces armées canadiennes. Boulanger est éjecté de son siège, passe à travers la portière de l'avion, se frappe sur des arbres et tombe lourdement sur le sol. Souffrant de fractures ouvertes aux jambes, il arrache la mousse des banquettes de l'avion et s'en sert pour fabriquer des orthèses de fortune qu'il serre avec les lambeaux de ses jeans. Il se traîne ensuite sur une distance de 1000 pieds (305 m), traverse un fossé et s'appuie sur un ponceau en bordure d'un chemin, où il s'évanouit.

Pendant ce temps, Louise et Ghislain Durocher, qui ne se sont rendu compte de rien, voient les heures passer et commencent à s'inquiéter. Ils communiquent avec les aéroports voisins, en vain. Louise, paniquée, appelle les parents de Boulanger qui ne savent pas où se trouve leur fils. En désespoir de cause, ils finissent par alerter Transports Canada, et la Sûreté du Québec, pour signaler la disparition d'un avion.

Ce sont finalement des gardiens du dépôt Bouchard qui trouveront Boulanger lors d'une patrouille de routine, vers minuit, six heures après l'accident. Ils ignoraient eux aussi qu'un écrasement avait eu lieu et que la carcasse de l'avion se trouvait à peine à 400 mètres de la piste. Boulanger, inconscient, est transporté à l'Hôtel-Dieu de Saint-Jérôme où il est opéré d'urgence. Il se réveille cinq jours plus tard, branché de partout, enveloppé dans des bandages et les deux jambes suspendues. En plus des fractures aux jambes, il a plusieurs côtes, une clavicule et la mâchoire brisées. Il n'a aucun souvenir de l'écrasement, de la distance franchie en se traînant et des pansements de fortune qu'il a fabriqués. Il restera plus d'un mois à l'hôpital. Malgré son état, il a eu plus de chance que son compagnon. Après avoir retrouvé Boulanger, les secouristes ont découvert le corps de Robert Arsenault, toujours coincé dans la carcasse de l'avion.

« Cet accident a été abominable et l'un des gros drames de ma vie », se souvient Louise, qui a passé plusieurs nuits à veiller Boulanger à l'hôpital. Elle a souvenir également d'une pièce de métal que les médecins ont insérée dans une jambe du jeune pilote et qui fera résonner durant plus d'un an les détecteurs de métal de tous les aéroports par lesquels Boulanger transitera.

Le mariage avec Louise sera aussi bref qu'intense. Le couple se séparera à l'automne 1973. Boulanger connaîtra deux autres mariages qui s'avéreront autant d'échecs. Malgré tout, Louise gardera toujours contact avec lui et le visitera régulièrement durant ses longues années de prison. « Tout ce qu'il a fait après notre divorce, je ne l'ai jamais su. Je l'ai appris comme tout le monde lorsqu'il s'est fait prendre à Casey », conclut-elle.

Après une longue convalescence, Boulanger retourne travailler pour Won-Del. Mais en 1968, le gouvernement canadien ferme l'aéroport de Cartierville et l'école déménage à l'aéroport de Saint-Hubert tout comme sa concurrente, Roger Leblanc Aviation. Roger Leblanc est le père de Michel Leblanc, qui fondera plus tard la compagnie Royal. Boulanger débute alors avec ce dernier une longue relation professionnelle qui amènera le pilote à se lancer dans l'arrosage contre la tordeuse des bourgeons de l'épinette, un insecte destructeur des conifères, à la fin des années 70. Mais pour le moment, le père de Michel, Roger Leblanc, aimerait bien lui tordre le cou.

En 1970 en effet, Boulanger, qui est toujours partant lorsque vient le temps de déjouer le système, décide qu'il en a assez d'avoir un patron qui ne le rémunère pas suffisamment et devient instructeur à son compte. Boulanger, qui n'a alors aucune compagnie dûment enregistrée, loue un bimoteur Piper Apache appartenant à un médecin et donne des cours, en se faisant payer comptant. Il enseigne le vol en appareil multimoteur et aux instruments à des dizaines d'élèves. De plus, grâce à un contact au ministère des Transports, ses élèves reçoivent leur licence après moins de 10 heures de vol. « J'ai passé plus d'élèves à moi tout seul durant cette année-là que les deux écoles réunies. Ça mettait en furie leurs propriétaires qui disaient que je leur volais leur *business*», se rappelle Boulanger.

En 1971, Boulanger reçoit un appel d'un dirigeant de Dolbeau Air Service. La compagnie, qui effectue notamment du transport de matériel et de personnes dans les régions éloignées, possède un Norseman. C'est dans ce légendaire avion en toile construit par Noorduyn Aviation durant les années 30 à 50 que le célèbre musicien Glenn Miller est disparu au-dessus de la Manche en décembre 1944. Dolbeau Air Service n'a pas de pilote pour le manœuvrer et elle a pensé à Boulanger, qui accepte. C'est ainsi, dans le nord du Lac-Saint-Jean, que commence sa carrière de pilote de brousse. Mais celle-ci a failli ne jamais exister.

Vers la fin de juin, en effet, un feu de forêt d'une rare intensité fait rage dans le secteur de Chibougamau. Le responsable d'une pourvoirie fait appel à Boulanger et à son Norseman pour évacuer d'urgence cinq touristes américains piégés par la muraille de feu et de fumée qui se rapproche de plus en plus de leur camp de pêche, situé près du lac Rosée, et d'un autre plan d'eau au nom prédestiné, Fire Lake.

«Déjà, quand je suis parti d'Albanel, c'était critique. Il y avait de grosses cendres noires qui tombaient. Je ne voyais plus rien. J'étais obligé de voler bas et je voyais la cime des arbres», raconte Boulanger. Malgré les éléments, il parvient à se rendre à destination, amerrit sur le lac Rosé jusqu'au quai du camp de pêche et récupère les Américains.

«Je voulais me rendre au poste de Louis-Jolliet. Je volais au bord du lac Mistassini et je voyais le feu dans la cime des arbres. Mon moteur chauffait, la pression d'huile était basse. J'ai dû baisser ma vitre et je frottais continuellement mon pare-brise pour le nettoyer car il était couvert de cendres et je ne voyais rien», décrit-il avec de grands gestes.

L'appareil vole dans une opaque fumée noire. Il ne peut le poser nulle part et tout le monde risque l'asphyxie. Soudain, tel un mirage, un peu de bleu apparaît à sa gauche, au travers des nuages de cendres. C'est un petit lac dont les rives semblent épargnées par l'incendie. C'est sa seule chance. Il tourne la manivelle servant à abaisser les volets et glisse sur le lac jusqu'à une petite île.

Les jours passent et les incendies reculent mais l'avion ne peut repartir en raison d'une perte d'huile provoquée par un bris dans le refroidisseur. Durant ce séjour forcé, pour se tenir occupés et être plus visibles, les naufragés dénudent littéralement l'île en abattant tous ses arbres. Le bois coupé leur sert à faire des feux pour se nourrir. Ils mangent le poisson qu'ils pêchent et agrémentent cette pitance avec du fromage, des patates instantanées Shirriff et de la confiture qui se trouvaient déjà dans l'avion.

Toutes les heures, Boulanger, qui s'est fabriqué une antenne de fortune avec deux tasses de porcelaine reliées par un fil de cuivre et attachées à un arbre, lance un appel à l'aide sur la radio de l'appareil. Au 13ᵉ jour, le découragement commence à gagner les naufragés lorsque des voix retentissent sur les ondes. C'est un appareil des Forces armées canadiennes qui annonce qu'il envoie des secours. C'est l'explosion de joie parmi les six hommes, qui s'étreignent entre deux poignées de main. Le soir venu, c'est la fête à l'hôtel.

Raymond Boulanger a perdu une vingtaine de livres (9 kg) dans l'aventure qui a fait les manchettes à l'époque. De tous les moments périlleux qu'il a vécus dans sa vie, ce vol dans le fourneau d'Albanel est l'un de ceux où il a eu le plus peur de mourir. Cette affaire sonne le glas de la carrière de Boulanger comme pilote de brousse au Québec et peu après, il quitte Dolbeau Air Service pour se lancer dans un autre type d'activités : l'achat et la vente d'avions.

En novembre 1971, il signe en effet un contrat avec la compagnie Aviation Sales International dirigée par François « Frank »

Laplante, qui lui apprendra cette facette du métier. Durant les trois ans qu'a duré son contrat avec cette compagnie, il a testé, acheté et vendu des dizaines d'appareils, mais l'un d'entre eux est encore très présent dans sa mémoire.

Un jour, son patron l'envoie à Little Rock, en Arkansas, pour acheter un DC-3 déjà vendu à un client d'Edmonton qui ne l'a jamais vu. L'appareil appartient à un certain Frederick W. Smith, qui vient de démarrer une petite entreprise qui deviendra très grande : FedEx. Boulanger s'y rend avec un mécanicien et un copilote. Mais lorsque le trio voit le DC-3, le choc est brutal. « C'était une vraie poubelle. Tu voyais encore l'ancien lettrage Atlantic Sea Food. Il avait servi à transporter des homards entre les Bahamas et la Floride avec ce que ça suppose comme odeur… », grimace Boulanger.

Smith propose alors de redonner une beauté à l'avion et le pilote passe 10 jours à Little Rock au cours desquels il fait quelques parties de pêche avec le président de FedEx, avec qui il se lie d'amitié.

Mais les efforts mis au nettoyage ne suffisent pas : le client d'Edmonton refuse l'appareil et c'est Frank Laplante qui hérite du problème. Débute alors une interminable saga qui amène Boulanger et ses adjoints à Georgetown, en Guyane, où ils se voient refuser de décoller avec un autre DC-3 trouvé par Laplante. Les autorités, qui ne veulent pas laisser partir l'appareil tant que les formalités ne seront pas remplies, dessoufflent même l'un des pneus par mesure de précaution. Mais c'est bien mal connaître Boulanger qui, durant une nuit, retire une quantité d'air équivalente dans l'autre pneu, un vieux truc qu'il a appris sur la Côte-Nord pour faciliter ses atterrissages sur des pistes plus accidentées, et part malgré tout avec l'avion.

C'est durant cette saga vers la fin d'août 1972 que Boulanger, qui a 23 ans, effectue bien malgré lui son premier vol de drogue. Des problèmes d'étanchéité dans son cockpit l'obligent à se poser à Montgomery, capitale de l'Alabama, lorsque le conducteur du camion-citerne devant servir à faire le plein s'immobilise près de l'appareil.

« Où est le pilote ? » demande le conducteur à Érik, le mécanicien de Boulanger, qui fait signe de la tête en montrant le cockpit. Dans son siège de pilote, Boulanger, qui porte un simple t-shirt, lit le *Rolling Stone Magazine* dont la page couverture est ornée de la caricature d'un Mexicain portant un gros sombrero et fumant un pétard, avec le titre « Acapulco Gold ».

« Je n'ai pas le droit de vous demander ça, mais vous êtes Canadiens et vous repartez bientôt. Accepteriez-vous de me donner vos timbres verts ? » se risque le conducteur de la citerne. (Les timbres verts, un peu comme les points aujourd'hui, servaient à faire des économies sur d'autres achats ou à obtenir des cadeaux.) « Oui, pas de problème », lui répond le pilote.

Le sourire fendu jusqu'aux oreilles, le conducteur retourne vers sa citerne, fouille derrière sa banquette et revient avec un sac qu'il remet à Boulanger pour le remercier. « C'était un sac contenant deux livres de "pot". Nous n'étions pas très propres et il a dû nous prendre pour des hippies. Moi, je ne fume pas mais j'ai remis le sac à mon mécanicien qui était très heureux », dit Boulanger.

L'épopée du DC-3 amène ensuite l'équipage à se rendre au Tennessee où, malgré un vent perpendiculaire de 30 nœuds qui se déchaîne, le Rimouskois pose l'appareil sous les yeux d'un client bouche bée. Ce dernier refuse l'avion mais remet une caisse de 12 bouteilles de Château-Lafitte au pilote pour son atterrissage spectaculaire. C'est vraisemblablement en raison d'exploits comme celui-ci ou comme la fois où, des années plus tard, Boulanger fera reculer son Cessna 185 dans des vents de 45 nœuds sur 300 mètres à l'aéroport de Bonaventure, que le pilote recevra le surnom de « Cowboy » qu'il conservera durant toute sa carrière.

Frank Laplante ne vendra finalement jamais son DC-3. Il l'échangera et versera même 10 000$ à Nordair contre un autre avion. Lorsqu'il repense à cette longue saga, le pilote retient principalement les 10 jours passés à Little Rock aux côtés du fondateur de FedEx, Frederick W. Smith, qu'il n'a jamais revu par la suite. «Si j'avais été le moindrement intelligent, j'aurais dû rester et travailler pour eux. J'ai manqué la plus belle chance de ma vie», dit-il aujourd'hui. Mais avec des si, on déplace des montagnes. Et Boulanger a préféré les montagnes du Mexique.

Chapitre 3
Le bien et le mal

Vers la fin des années 60, Boulanger avait croisé dans un club, près de l'aéroport de Cartierville, un grand type à l'allure hollywoodienne qui faisait tourner les têtes de la gent féminine. Texan d'origine, Peter Knox était pilote et cascadeur au cinéma. Cheveux châtains, teint basané, il avait notamment doublé James Coburn. À cette époque, l'acteur américain était sur le point de connaître son apogée en campant un révolutionnaire irlandais à la moto poussiéreuse et à la mèche (de dynamite) courte dans le classique de Sergio Leone *Il était une fois la révolution*.

Knox avait une amie à Montréal et il y venait souvent. Il s'était lié d'amitié avec Boulanger et les deux hommes fréquentaient le club Astronaut ou le Rainbow bar and grill de la rue Stanley, lieux de rendez-vous des pilotes et des mécanos. Un jour, Knox se penche à l'oreille de Boulanger: «J'ai besoin d'un copilote. Celui que j'avais est retourné en Angleterre pour se marier et j'ai un vol à faire la semaine prochaine», chuchote l'Américain.

Knox explique qu'il livrera des appareils domestiques au Mexique. Son avion DC-3 décollera de McAllen, dans le sud du Texas, et se posera sur la piste d'un petit aéroport de campagne dans la région de la capitale, Monterrey. Une fois la marchandise livrée, des trafiquants mexicains bourreront l'appareil de marijuana et le pilote se dirigera vers la piste clandestine d'un ranch de Brownsburg, où la drogue sera déchargée, puis retournera à son point de départ.

Boulanger accepte. Ce sera son premier vol officiel de transport de drogue. Il en fera trois ou quatre autres avec Knox cet été-là et sera payé entre 25 000 $ et 30 000 $ par vol. Les quantités seront de plus en plus grandes et les zéros s'additionneront sur ses paies au fur et à mesure que sa carrière de « transporteur de drogue », comme il l'appelle, et les risques prendront de l'ampleur. Knox, lui, n'aura pas une carrière aussi longue : il s'écrasera quelques années plus tard sur une montagne du Mexique.

À la suite de ces quelques vols pour Knox, Boulanger effectue dans sa carrière criminelle naissante une pause durant laquelle il connaîtra des moments parmi les plus heureux de sa vie normale.

En juillet 1974, Boulanger quitte Aviation Sales International et effectue plusieurs voyages au cours desquels il s'adonne à une autre de ses passions, la photographie.

Quelques semaines plus tard, il met le cap sur les Caraïbes et devient pilote de ligne pour la compagnie Air Calypso établie à l'aéroport international de la capitale de la Barbade, à Bridgetown. À bord d'un Convair 440, il transporte des marchandises et fait la navette entre les îles des Caraïbes pour des équipes de soccer locales. Il effectue également des vols nolisés ou des tours pour les touristes en Martinique, à Sainte-Lucie, Grenade, Trinidad et Tobago et autres lieux paradisiaques. Il mène une vie sans histoire si ce n'est cet incendie qui éclate deux fois de suite dans son appareil, le forçant à se poser d'urgence avec 40 passagers. « Ce fut une période que j'ai adorée, j'ai eu beaucoup de plaisir. Mais la compagnie Air Calypso n'avait pas les reins solides et nous n'étions pas très bien payés », dit Boulanger. Le pilote, toujours très imaginatif quand vient le temps de trouver des façons de faire de l'argent, se trouve donc deux emplois d'appoint pour arrondir ses fins de mois.

Tous les samedis, Boulanger transporte des touristes sur l'île de Grenade. Il finit par créer des liens avec les pêcheurs de langoustes locaux et leur achète tous leurs stocks qu'il rapporte dans son appareil dans des contenants remplis de glace. Son voisin, directeur des ventes chez Air Calypso, était toujours dans les hôtels de la Barbade où il s'était fait des contacts. Les deux hommes mettent ainsi au point une combine dans laquelle chacun joue son rôle : Boulanger transporte les langoustes que les mécanos débarquent dans les zones franches de l'aéroport et le voisin fait le reste en les vendant aux hôtels.

Boulanger met son copilote à contribution. La belle-famille de ce dernier possède une ferme d'abattage de poulets et Boulanger récupère les foies en quantités industrielles. Il les remet ensuite à des cuisinières qui en font des pâtés au poulet très prisés en raison de leur parfum de rhum et d'épices.

Au cours de sa vie de rêve sous le soleil des tropiques qui aura duré deux ans, Boulanger fait néanmoins quelques incursions dans le monde de la drogue. Cette fois-ci, la demande vient d'anciens combattants du Vietnam, guerre à laquelle le pilote rimouskois a déjà été invité à prendre part par plusieurs de ses amis pilotes qui ont rougi de leur sang la terre des dragons.

«Les premières fois qu'on m'a demandé d'aller au Vietnam, c'était en 1968-69. Je n'ai pas voulu y aller, j'étais en amour. Et je ne suis pas un gars qui va aller faire la guerre dans une intervention américaine pour les pouvoirs impérialistes qui n'ont pas d'affaire à être là. C'était illégal d'être là, comme d'autres interventions qu'ils ont faites jusqu'à tout récemment. J'ai développé mon caractère anti-*establishment* et anticonformiste, et je suis devenu politiquement éveillé à cette époque», dit-il.

Boulanger avait gardé contact avec plusieurs amis pilotes revenus de l'enfer de la guerre. Souvent désœuvrés, considérés comme des perdants par la nation dont ils avaient pourtant défendu les intérêts, ces frères d'armes, Américains pour la plupart, ne pouvaient pratiquement compter que sur eux-mêmes.

Alors que les anciens combattants rapportaient du front des herbes que les hippies popularisaient à leur tour, ces vétérans ont commencé à effectuer des raids d'un tout autre genre : des vols de marijuana entre le Mexique et les États-Unis, tout le long de la frontière, de la Californie au Texas.

« La plupart avaient fait le Vietnam. C'étaient tous d'anciens pilotes, soit de l'Air Force, de la marine ou de l'armée américaine. Un de mes copains, qui était un gros opérateur là-bas, était un ancien pilote d'avion et d'hélicoptère dans l'Air Force. Il s'est écrasé quatre ou cinq fois, s'est fait tirer dessus mais a survécu. Lorsqu'il est revenu aux États-Unis, il a été incapable de se trouver un emploi car les gars du Vietnam étaient traités comme si ça n'avait pas existé, personne ne voulait en parler. J'ai été témoin de ça. On en parlait souvent », se souvient Boulanger.

Ces anciens combattants devenus trafiquants utilisent une piste de fortune dans une région isolée des Keys, en Floride. Quelques années plus tôt, des travaux avaient débuté pour construire un secteur résidentiel mais avaient été abandonnés. Le zonage, les canalisations et les rues avaient été réalisés mais aucune maison n'y avait été construite. Les pilotes se servaient des rues désertes comme rampes de décollage et d'atterrissage pour leurs appareils de tous genres.

Un jour de 1974, Boulanger, qui a 26 ans, se rend sur cette piste clandestine et un grand homme mince au teint foncé, torse nu, portant pantalon de camouflage, plaques militaires, lunettes fumées et bandana kaki lui désigne de la main, cigare en coin, un DC-6 quadrimoteur. Boulanger se cale sur le siège du pilote, démarre les moteurs et décolle en direction d'un pays où il posera les pieds pour la première fois et passera les années les plus aventurières de sa vie : la Colombie.

Après quelques heures de vol, une zone désertique parsemée de hauts cactus se profile à l'horizon. C'est La Guajira, une péninsule du nord de la Colombie d'où il décollera avec les 4000 kilos de cocaïne en novembre 1992. Mais pour le moment, il fait connaissance avec ce lieu et sa faune. Environ 200 hommes, la plupart armés jusqu'aux dents et portant des ceintures de munitions en bandoulière, forment un large périmètre protégé par des sentinelles et l'attendent impatiemment. Aussitôt que Boulanger pose son appareil, les cris et les ordres fusent. Les trafiquants s'activent et s'agglutinent autour du DC-6 encore en mouvement.

« J'atterrissais et la plupart du temps, je ne sortais même pas de l'appareil. J'avais suffisamment d'essence pour faire l'aller-retour. J'arrêtais les deux moteurs du côté gauche, j'ouvrais les portes et tout de suite les gars formaient une chaîne et lançaient les ballots dans l'avion. On mettait du filet par-dessus et on attachait ça au plancher. En une demi-heure, tout était fini. On redémarrait les deux moteurs et bonjour la visite », décrit-il. Chaque ballot contenait environ 50 lb (23 kg) de marijuana. Au total, Boulanger a rapporté environ 40 000 lb (18 000 kg) dans la région de Marathon, en Floride. Pour ces quelques heures de travail, il était payé 150 000 $.

« À mon retour, c'était toujours la même routine. Je sortais de l'avion, je prenais mon *attaché-case* rempli de billets, je montais dans une Jeep avec deux de mes *chums* et on arrêtait tout le temps chez Ma's Kitchen sur la 1-A-1, à Marathon. On buvait trois ou quatre bouteilles de vin blanc et on mangeait deux à trois chaudières de *stone crab* », dit-il.

En 1975, Air Calypso fait faillite et Boulanger est embauché par Tropical Air Travellers Services, une autre compagnie de la Barbade qui effectue des vols nolisés et réguliers dans les Caraïbes et qui appartient à un médecin montréalais, Elrie C. Tucker. Boulanger l'a connu trois ans plus tôt dans les bureaux de ses anciens employeurs, Frank Laplante et David Greenberg. Tucker était alors accompagné de deux hommes qui allaient laisser leur marque dans l'histoire à leur façon : le premier ministre de la Barbade de l'époque, Errol Walton Barrow, qui cherchait alors un avion pour ses déplacements, et un ingénieur canadien, dont le destin tragique demeure toujours un mystère, Gerald Bull.

Né en Ontario, Bull était un expert en balistique. Il a été chercheur et enseignant à l'Université McGill à Montréal et a habité à Saint-Bruno-de-Montarville. Il a créé sa propre société de recherche, la Space Research Corporation, destinée à l'origine à développer des supercanons capables de tirer des projectiles sur de très longues distances et à très haute altitude. Des gouvernements se sont intéressés à ses recherches soit pour mettre des satellites en orbite, soit pour tirer des missiles, et Bull s'est retrouvé au centre d'un bras de fer entre nations qui a mené à son assassinat en Belgique, en 1990. Mais en 1973, Bull et le premier ministre barbadien Barrow sont unis dans un projet appelé HARP (*High Altitude Research Program*) pour lequel l'ingénieur canadien a construit l'un de ses canons géants près d'une plage de la Barbade. C'est à cet endroit que Boulanger le croisera de nouveau vers 1976 et que les deux hommes se lieront d'amitié.

« Quand je suis revenu à la Barbade pour l'avion que cherchait Tucker, Bull était là. Il avait un gros canon tout près de l'aéroport. De temps en temps, tu l'entendais tirer : boum ! Je prenais des verres avec lui quelquefois. C'était un bon vivant et très intéressant, pas juste pour caler du whisky. C'était un génie. Il parlait d'armes. Il a fait quatre ans de prison aux États-Unis. Il avait envoyé des obus de 155 mm en Afrique du Sud malgré l'embargo de l'ONU et avait été accusé et condamné », raconte Boulanger, qui ne reverra ensuite l'ingénieur que 15 ans plus tard à Bruxelles, deux semaines avant son assassinat.

Boulanger quitte en effet les Caraïbes peu après. Son employeur, Tropic Air, fait faillite et rompt son contrat avec lui. Boulanger réplique en déposant une poursuite contre son propriétaire en Cour supérieure, à Montréal, en 1976. Le pilote exige un dédommagement de 50 000 $. Il obtiendra gain de cause mais l'affaire se réglera par un remboursement de ses frais d'avocat et des excuses. Toutefois, cette histoire le ramène au Québec où il connaîtra une nouvelle étape de sa vie, marquée par une certaine stabilité.

En 1973, le pilote s'était séparé de sa femme Louise et avait rencontré l'année suivante une Canadienne anglaise avec laquelle il s'est marié. De cette union naîtront ses deux enfants, sa fille Amber, née à l'hôpital de L'Annonciation le 6 avril 1976, le jour même de l'anniversaire de son premier vol solo à Wabush, et son fils Faron, qui voit le jour treize mois plus tard, le 26 mai 1977, à l'hôpital de Maria en Gaspésie.

Le pilote veut mener une vie rangée, du moins le croit-il. En 1978, sa famille et lui emménagent dans une vieille maison en bordure de la rivière Bonaventure. « Mes enfants sont nés et je me suis dit que j'allais rester calme pendant un bout et demeurer en Gaspésie », dit-il. Vers la fin de l'année, il est embauché comme chef pilote chez Aéro Bonaventure, entreprise dirigée par les frères Réal et Louis-Paul Cyr. Il donne des cours de pilotage et effectue des vols nolisés un peu partout en Gaspésie et sur la Côte-Nord, en plus de livrer le courrier aux Îles-de-la-Madeleine, « une région et des gens formidables », dit-il. Il transporte beaucoup de pêcheurs à saumon, dont Jack Hemingway, le fils du célèbre écrivain américain Ernest Hemingway, et Hartland Molson, ancien copropriétaire du Canadien de Montréal, qui avait un camp de pêche sur la rivière Bonaventure.

Pendant que Boulanger survole le Québec, à des dizaines de mètres plus bas une espèce de chenille décime les forêts : la tordeuse du bourgeon d'épinette. Au milieu des années 70, le Québec connaît une infestation sans précédent, en particulier dans le Bas-du-Fleuve, la Gaspésie, Charlevoix et le Saguenay, et le gouvernement finance à coups de centaines de milliers de dollars les opérations d'arrosage aérien.

Mais en cette époque de montée du nationalisme au Québec, le gouvernement du Parti québécois de René Lévesque en a assez de payer des compagnies de la Colombie-Britannique et du Nouveau-Brunswick pour faire ce travail et mousse la création d'une entreprise à 100 % québécoise. En 1978, le gouvernement donne d'abord le contrat à une compagnie naissante de Saint-Jean-sur-Richelieu au nom pourtant très peu francophone de Modern Airspray, mais son propriétaire est incapable de répondre aux attentes. Boulanger est appelé d'urgence trois semaines avant le début du contrat par un patron de Transports Québec pour prêter main-forte à l'entreprise en difficulté, mais c'est trop peu, trop tard : le contrat sera résilié.

Le gouvernement se tourne vers une autre entreprise de Saint-Jean-sur-Richelieu, RichelAir, où Boulanger retrouve Michel Leblanc. Les querelles des écoles de pilotage à l'aéroport de Saint-Hubert de 1970 sont oubliées et c'est avec enthousiasme que Boulanger accepte de travailler pour celui qui achètera plus tard Quebecair et fondera les compagnies Royal et Jetsgo. Pour l'arrosage de la tordeuse du bourgeon d'épinette, Leblanc fonde une nouvelle société, ConifAir, avec Guy Bernier et Hubert Laurin.

La nouvelle entreprise possède trois bases : la principale est à Rivière-du-Loup et les deux autres sont à Matane et Bonaventure. Durant la nuit, des avions munis d'appareils infrarouges détectent les nids d'infestation de la tordeuse. Le lendemain, du haut de leur Super Constellation Lockheed L-49, Boulanger et ses confrères déversent leur cargaison d'insecticides sur les camps ennemis. Du milieu du mois de mai à la fin juin, ils arrosent toute la Gaspésie, jusqu'au Maine et au Nouveau-Brunswick, et s'aventurent dans Charlevoix et le Saguenay. « On les a massacrées », résume fièrement Boulanger, qui a toutefois eu son lot d'émotions durant cette guerre contre la tordeuse.

Durant l'été 1982, en effet, il décolle en compagnie de Guy Bernier, d'un ingénieur de vol et d'un inspecteur du ministère canadien des Transports, Jean-Marie Pitre, pour son examen annuel. Alors qu'il s'apprête à atterrir, après trois heures de vol, il se rend compte que la roue avant de l'appareil ne sort que partiellement et refuse de barrer. Boulanger tente toutes les manœuvres inimaginables pour sortir le train d'atterrissage pendant que Guy Bernier pompe frénétiquement le système hydraulique manuel à s'en démettre une épaule, mais rien n'y fait. L'alerte est donnée à la base de Bagotville où les militaires répandent de la mousse isolante sur la piste et les camions de pompiers sont en état d'alerte. « Ce n'était pas une simulation d'urgence, c'en était une vraie. Je me souviens que Jean-Marie Pitre nous a dit : *Attachez bien vos bottes les gars, car c'est la première chose que l'on perd lors d'un accident* », raconte Guy Bernier. Mais finalement, l'équipage n'aura pas à prendre cette précaution. Boulanger coupera les quatre moteurs et le système électrique. Avec le ralentissement de l'appareil et la résistance qui diminuera, le train d'atterrissage finira par obéir et l'appareil se posera doucement.

Boulanger travaille durant environ quatre ans pour ConifAir et pilote plusieurs des appareils de la compagnie dont l'un sera plus tard acquis par l'acteur américain John Travolta. Il écrit des articles sur l'arrosage dans des revues spécialisées. Sur les trois bases de ConifAir, de 200 à 300 hommes s'activent dans cette guerre sans merci contre la tordeuse, 24 heures sur 24, sept jours sur sept. Les travailleurs sont épuisés et ne peuvent pas compter sur de bons repas pour les remonter. « La bouffe était dégueulasse », accuse en effet Boulanger chez qui germe alors une nouvelle idée pour remédier à la situation et arrondir ses fins de mois.

En 1980, le pilote, qui a alors 32 ans, achète un hôtel de Bonaventure appartenant à la famille de Bona Arsenault, ancien député du comté, auteur d'une encyclopédie sur l'histoire des Acadiens et grand-père de l'ancien gardien de but vedette des Canadiens de Montréal et actuel entraîneur de l'Avalanche du Colorado, Patrick Roy. Selon Boulanger, l'hôtel tombe alors en décrépitude et connaît des problèmes financiers ; il veut le relancer dans le but d'obtenir un permis d'hôtellerie et de restauration, et fournir en nourriture les trois bases de ConifAir.

Le projet est mis de l'avant et, sous la direction d'un chef, plusieurs employés bourdonnent dans les cuisines de l'hôtel pour concocter les plats qui seront livrés chaque jour aux combattants de la tordeuse. En même temps, Boulanger investit dans son établissement qu'il rénove. Il ajoute deux bars et une taverne. Celle-ci, surnommée « Le Pit », se trouve au sous-sol du bâtiment principal et est fréquentée par les membres des Damners, défunt club-école des Hells Angels, qui profitent de leur présence dans la place pour y faire leur petit commerce.

Ironiquement, c'est justement l'un de ces travaux de rénovation qui marque la fin de la carrière d'hôtelier et de restaurateur de Boulanger. Durant l'hiver de 1982, le pilote a fait convertir son complexe à l'électricité. Mais alors que les travaux ne sont pas encore tout à fait terminés, un froid sibérien fait éclater la tuyauterie. Résultat : des dommages de 300 000 $ que Boulanger, qui n'est pas assuré, ne veut pas assumer. Après avoir été propriétaire de l'hôtel durant deux ou trois ans, il le remet à la banque car il commence à sentir le poids de sa vie rangée.

En même temps qu'il travaille pour ConifAir durant l'été, Boulanger vole également pour Nordair le reste de l'année. Durant des fins de semaine, il fait trois ou quatre vols de marijuana avec les anciens du Vietnam. Boulanger prend l'avion de Montréal jusqu'à Fort Lauderdale, en Floride. Ses amis l'y attendent et le transportent en voiture jusque dans la région de Marathon. Il profite du voyage pour fermer les yeux. Lorsqu'il les rouvre, les hélices d'un DC-6 tournent déjà et le pilote entre dans le cockpit, active les commandes et décolle en direction de la vallée désertique de La Guajira, en Colombie. Il revient en survolant un corridor entre Haïti et Cuba, à cinq ou six cents pieds (150-180 m), pour ne pas être repéré par les radars.

En 1984, Boulanger n'est pas retourné chez ConifAir pour reprendre la bataille contre la tordeuse. Il mûrit d'autres projets sous le chaud soleil d'Amérique du Sud. C'est le mauvais génie qui a gagné, pour de bon cette fois-ci. « J'aurai essayé de mener une vie rangée mais ce n'était pas fait pour moi », dit-il.

Chapitre 4

Le mercenaire

Depuis 1979, le Nicaragua est déchiré par la guerre civile. Les sandinistes d'allégeance socialiste du futur président Daniel Ortega étendent inexorablement leur mainmise sur le pays et les États-Unis, alors dirigés par l'ancien acteur Ronald Reagan, voient d'un mauvais œil l'arrivée éventuelle d'un gouvernement communiste dans leur zone d'influence d'Amérique centrale, alors qu'il existe encore une vive tension avec la Russie et le bloc soviétique.

Washington impose un embargo sur le Nicaragua et appuie les contras, les opposants armés des sandinistes. Les États-Unis aimeraient bien mettre tout leur poids dans la balance pour faire basculer l'avantage dans le camp des adversaires des sandinistes, mais, quelques années plus tôt, ils se sont lié les mains en adoptant l'amendement Boland qui les empêche d'intervenir directement dans le conflit.

Qu'à cela ne tienne, les républicains de Reagan trouvent une façon de contourner la loi. Ils vendent des armes à l'Iran, pays avec lequel ils sont pourtant en froid depuis le renversement du dernier shah et l'arrivée de l'ayatollah Khomeini en 1979, et utilisent ces profits pour financer l'appui aux contras. Toute cette affaire éclatera au grand jour quelques années plus tard et culminera par le témoignage spectaculaire du général Oliver North dans le désormais célèbre scandale de l'Irangate, appelé aussi l'affaire Iran-Contra.

Mais, entre-temps, les États-Unis doivent trouver d'urgence un moyen d'aider les antisandinistes sur le terrain. Ils utiliseront alors la CIA et l'une de ses compagnies façades, la Southern Air Transport de Miami, pour faire indirectement ce qu'ils ne peuvent faire directement. C'est dans ce contexte explosif que Boulanger amorce réellement sa carrière de mercenaire.

Il entend dire par des amis pilotes que la Southern Air Transport cherche du personnel pour elle-même, mais également pour ses compagnies satellites telles St. Lucia Airways, Grenade Airways, Barbados Intercontinental Airways, Trinidad and Tobago Airways et autres, en réalité des entreprises bidon de la CIA par lesquelles les services secrets américains mènent des opérations clandestines.

Il quitte alors Bonaventure pour se rendre à Miami où il est rapidement embauché par l'une des compagnies satellites de la Southern en même temps que des dizaines d'autres pilotes et mécanos originaires de l'étranger. «Tout ça était caché. C'est pour ça qu'ils nous embauchaient. Nous n'étions pas Américains. C'était un crime pour un Américain d'être impliqué là-dedans», dit-il.

Boulanger se souvient du quartier général bourdonnant d'activités de la Southern et de ses entreprises bidon du 1100, rue Ponce-de-Leon à Miami. Il débute comme agent de liaison et s'y rend régulièrement pour livrer des documents confidentiels et récupérer les paies. Il a un contrat fixe en vertu duquel il est payé environ 20 000 $ US par mois, plus un boni selon les heures de vol. Il fait la navette entre ce quartier général et les différentes bases clandestines de la CIA à Panama, Ilopango au Salvador et La Ceiba, Roatan Isla et Tegucigalpa au Honduras.

C'est ainsi que Boulanger entre de plain-pied dans le conflit au Nicaragua. Pendant qu'à Montréal, un célèbre Nicaraguayen portant l'uniforme bleu poudre des Expos, Dennis Martinez, fait vibrer les dizaines de milliers d'amateurs de baseball entassés dans le Stade olympique qui connaît ses plus belles années, le pilote a une tout autre image de ce pays d'Amérique centrale.

Durant l'été 1985, à 37 ans, aux commandes d'un King Air 200, il effectue principalement des vols de reconnaissance nocturnes au-dessus du Nicaragua à la recherche des camps des sandinistes et des déplacements de ces derniers sur les sentiers. «On faisait des vols à haute altitude. Il y avait quatre opérateurs spécialisés en électronique à l'arrière de l'avion qui effectuaient un balayage avec des appareils infrarouges pour repérer les différents sentiers dans la jungle et les montagnes par lesquels les sandinistes alimentaient leurs camps. On marquait ensuite les positions des camps sandinistes sur une carte. Nous n'avions aucun contact avec ces opérateurs. Nous avions un plan de vol et notre *job*, c'était de voler», décrit-il.

Vingt-quatre à 48 heures plus tard, un appareil Hercule, piloté par des marines américains embauchés comme mercenaires et équipé de deux mitrailleuses Westinghouse à canon rotatif dans les portes de côté et de deux canons à l'arrière, décolle dans la nuit en direction des camps ennemis repérés par Boulanger et son groupe. Quelquefois, c'est un CA-47, la version militaire du DC-3, équipé de façon similaire, qui est envoyé à l'attaque des camps sandinistes. L'appareil est surnommé par le groupe de Boulanger «*Puff, the magic dragon*», du nom d'un avion semblable utilisé par la US Air force durant la guerre du Vietnam et tiré du titre d'une chanson du trio folk Peter, Paul and Mary.

«L'avion tournait autour des camps sandinistes avec une légère inclinaison. Le pilote du Hercule contrôlait les canons avec un casque-viseur. Lorsque les canons tiraient, l'avion était secoué. La nuit, c'était comme une pluie de feu. Mais ils ne nous disaient rien. Nous avions juste besoin de savoir ce qu'il fallait pour accomplir notre mission. On savait qu'il se passerait quelque chose quand on voyait le Hercule décoller dans la nuit», se souvient Boulanger.

Entre deux vols de reconnaissance, Boulanger se prélasse sur le terrain de golf de la zone américaine de Panama City, au Panama, où la CIA a établi l'une de ses bases clandestines. Ce secteur, appelé simplement «la zone», abrite les travailleurs américains affectés au canal de Panama et est interdit d'accès aux Panaméens, à l'exception des membres du gouvernement, de l'armée et des travailleurs.

Le général Manuel Noriega, l'homme fort du pays, est toujours dans les bonnes grâces des États-Unis mais égrène ses derniers moments d'influence. Quelques années plus tard, la réalité finira par rattraper le général qui joue sur plusieurs tableaux en travaillant tant avec la CIA, les sandinistes et les contras que les narcotrafiquants colombiens.

Dans la zone franche, Boulanger croise régulièrement le dictateur à l'impeccable uniforme blanc, entouré de son état-major et d'un certain Felix Ismael Rodriguez. Cubain d'origine basque, Rodriguez a fui son pays vers les États-Unis après l'arrivée au pouvoir de Fidel Castro. Il s'est ensuite enrôlé dans l'armée américaine et a pris part à l'historique débarquement avorté de la baie des Cochons, en 1961. Quelques années plus tard, il sera présent lors de l'interrogatoire du leader communiste Che Guevara, exécuté ensuite par l'armée bolivienne, et s'impliquera dans la guerre du Vietnam. Au début des années 80, Rodriguez est le chef de la division administrative de la CIA au Panama.

«Nous, les pilotes, on ne se mêlait jamais à eux mais on savait qui était Rodriguez. On le voyait tout le temps à la base de l'aéroport militaire d'Howard au Panama, et aux autres bases de Ilopango, La Ceiba et Tegucigalpa. Tout le monde savait que c'était lui le patron. Il avait tout le temps des gens autour de lui. Il faisait des allées et venues furtives et ne s'affichait pas. Il était souvent avec Noriega. On aurait dit que le dictateur l'écoutait, comme si l'autre était son patron. Ça se voyait tout de suite qu'il avait plus d'autorité que le général», décrit le pilote.

Pour lutter contre l'ennui sur le terrain de golf, Boulanger et les autres pilotes et mécanos étrangers s'affrontent régulièrement autour d'un ballon sur l'allée du dernier trou transformée en terrain de soccer improvisé. Un beau matin, un nouveau joueur fait son entrée sur l'herbe, amenant dans son sillon une multitude d'hommes fortement armés à la mine patibulaire qui montent la garde autour de l'aire de jeu, l'œil vigilant. Le soir, le mystérieux joueur entouré de ses gardes du corps fait une entrée remarquée dans le chalet du golf, où se déroule une réception réunissant des colonels de l'armée de Noriega, des membres du personnel de l'ambassade américaine, des agents de liaison et des pilotes.

«C'est Pablo Escobar», chuchotent des invités. Le chef du cartel de Medellin, qui est encore à cette époque le plus important narcotrafiquant au monde, salue Boulanger en levant son verre, accompagné de sa suite. C'est la première fois que les deux hommes se rencontrent.

Au Panama, Escobar est entouré de son frère Roberto, de son cousin Gustavo et des autres membres de sa garde rapprochée, entre autres Rodriguez Gacha, Santa Cruz Londonio et Carlos Lehder. Le cas de ce dernier est assez singulier. Surnommé la «Grande Gueule», Lehder, né aux États-Unis d'un père allemand et d'une mère colombienne, sera condamné à 150 ans de prison dans le pays de l'Oncle Sam quatre ans plus tard. En Colombie, il avait eu l'idée de fonder un parti politique entièrement financé par les narcotrafiquants pour lutter contre l'extradition de ces derniers aux États-Unis. Il apparaissait dans des discours télévisés enflammés dans lesquels il vantait les mérites du trafic de la cocaïne pour l'économie de la Colombie. Lehder avait acheté une île des Bahamas, Norman's Cay, devenue une plaque tournante de l'importation de cocaïne à grande échelle aux États-Unis.

Selon Boulanger, Escobar et ses sbires ont payé un million de dollars chacun leur présence au Panama. Chaque mois qu'ils passent dans ce pays se traduit également par des milliers de dollars versés à Noriega pour son hospitalité. Ils sont à cette époque les criminels les plus recherchés de la planète et leur présence dans la zone franche est *top secret*. Mais le patron du cartel de Medellin tire tout de même certains avantages de sa présence auprès de Noriega et des nombreux dignitaires américains qui défilent au Panama. Lorsque le scandale de l'Iran-Contra a éclaté, des journaux ont écrit que des hauts gradés de l'armée américaine et des dignitaires de la Maison-Blanche auraient fermé les yeux ou même facilité le trafic de la cocaïne aux États-Unis pour financer la lutte aux sandinistes au Nicaragua.

Boulanger affirme que plusieurs importations de cocaïne se seraient faites à partir du Panama vers les États-Unis durant cette période, avec la bénédiction de la CIA. Il dit s'être trouvé à bord d'un Fairchild C-123 qui avait décollé de la base militaire d'Howard à destination de la base d'Homestead, en Floride, et dans lequel se trouvaient des ballots de cocaïne. Il ajoute avoir connu des pilotes qui ont transporté à au moins une demi-douzaine de reprises des quantités de cocaïne variant entre 600 et 1200 kilos sur la base d'Eglin en Floride, et deux autres aéroports situés au Texas et en Louisiane.

«La culture et les affaires clandestines étaient propices à ça. Il y avait un petit réseau de personnes qui contrôlaient les opérations avec la bénédiction des grands patrons. La drogue était mise à bord d'appareils qui servaient par exemple au transport de pièces ou de matériel. Les responsables du cartel versaient à Noriega de l'argent qui servait à approvisionner les contras en munitions, armes, nourriture et uniformes. En contrepartie, on fermait les yeux ou on donnait un coup de pouce à l'importation de leur cocaïne aux États-Unis. Les gars du cartel en parlaient ouvertement durant les BBQ auxquels j'étais présent, car c'étaient eux qui fournissaient et administraient ces affaires-là», décrit le pilote.

Depuis quelques années, le cartel de Medellin et le gouvernement colombien se livrent une guerre sans merci qui a fait des centaines de morts et a culminé par l'assassinat du populaire ministre de la Justice, Rodrigo Lara Bonilla, en avril 1984. Ce fut la goutte qui a fait déborder le vase et les autorités colombiennes ont redoublé d'ardeur contre Escobar et son groupe qui ont dû fuir au Panama.

Durant l'année et demie qu'il passera au Panama, évalue Boulanger, Escobar négociera son retour dans son pays, rencontrant à maintes reprises des représentants du gouvernement colombien. Il sera même question que le cartel éponge la dette nationale de la Colombie pour permettre son retour.

« C'était un gars très organisé et constamment sur le qui-vive. Je ne l'ai pas vu souvent armé, mais il était toujours entouré d'une vingtaine de gardes du corps et de conseillers. Il était tout le temps en communication. Il y avait toujours quelqu'un qui arrivait avec un message, qui lui parlait, ou un autre qui approchait avec un téléphone satellite dans une valise. Il avait toujours trois ou quatre téléphones en fonction simultanément. Au Panama, il attendait impatiemment des nouvelles de ses avocats, d'officiers et de représentants qu'il avait soudoyés et qui négociaient avec le gouvernement de Bogota son retour en Colombie », décrit Boulanger.

Mais durant ces discussions serrées, un gros joueur vient brouiller les cartes : les États-Unis demandent l'extradition d'Escobar pour le juger et le condamner. Le chef du cartel de Medellin sait par des colonels de l'armée panaméenne – qu'il paie – que l'homme fort de son pays d'asile, Manuel Noriega, sentant dans son cou le souffle chaud du vice-président George Bush, songe à sacrifier le narcotrafiquant et à le livrer aux Américains pour sauver sa peau.

« Je me souviens qu'après avoir pris un verre et fumé un petit joint, Escobar m'a raconté comment ça se passait dans le bureau de Noriega. Il commençait à avoir la "chienne". Il parlait constamment de sa guerre contre l'extradition. Il haïssait les Américains et ne voulait pas finir ses jours dans une prison aux États-Unis», raconte le pilote québécois.

Washington menacera d'envoyer un commando des forces d'élite Delta pour capturer Escobar et ses proches qui quitteront clandestinement le Panama et se disperseront dans plusieurs pays. Selon Boulanger, le chef du cartel de Medellin apportera avec lui 1 100 kilos de cocaïne pour payer son entrée au Nicaragua, où il trouvera un refuge temporaire auprès des sandinistes. À la suite d'une entente avec le gouvernement colombien, il retournera en Colombie et sera enfermé dans une prison dorée, La Catedral, qu'il fera lui-même construire selon des goûts «discutables», juge Boulanger, sur les hauteurs de Medellin où il dit être allé au moins une fois. Surnommée «Hôtel Escobar» ou «Club Medellin», la prison abritera un terrain de soccer, un bar et un spa. À l'aide d'un télescope, Escobar pourra même voir sa fille dans sa maison lorsqu'il lui parlera au téléphone. Pourchassé par toutes les agences fédérales américaines et un groupe de mercenaires appelés «los pepes», le plus grand narcotrafiquant de l'histoire sera abattu à l'issue d'une chasse à l'homme spectaculaire sur les toits de Medellin, le 2 décembre 1993.

*

Après les vols de reconnaissance au-dessus du Nicaragua, le pilote québécois reçoit de nouvelles missions en 1985 qui l'amèneront au cœur de l'action, sur le champ de bataille. À bord d'appareils Otter et Beaver, il forme les nouveaux pilotes dans ce pays où les conditions de vol sont capricieuses.

«Il faisait souvent mauvais, il pleuvait et le plafond était bas. Tu entres dans une vallée, tu ne sais plus où tu t'en vas et tu ne peux plus virer de bord. On a perdu de cette façon-là plusieurs avions qui se sont écrasés dans les montagnes. J'entraînais les recrues pour les habituer au territoire», dit-il.

Le pilote achemine également nourriture, vêtements, médicaments et armes directement dans les camps des contras. Washington, dans son souci de ne laisser aucune trace de son implication dans le conflit, ne livrait aucune arme de fabrication américaine aux rebelles. Celles-ci provenaient de la Chine ou des pays du bloc soviétique. Certaines auraient été prises à l'Égypte après la courte guerre du Kippour, en 1973, et obtenues à la suite d'une entente entre Israël et les États-Unis.

Boulanger s'approvisionne sur une piste clandestine aménagée sur le ranch de 8000 acres que le richissime Américain John Floyd Hull possède au Costa Rica, tout près de la frontière avec le Nicaragua. Chaque jour, des dizaines de DC-3 et autres avions de transport décollent et atterrissent sur les terres de l'homme d'affaires pro-républicain, qui deviennent l'une des bases de l'offensive contre les sandinistes. Mais des milliers de kilos de cocaïne transitent également par le ranch, si bien que les autorités du Costa Rica finiront quelques années plus tard par lancer un mandat d'arrestation contre Hull. Ce dernier retournera se réfugier aux États-Unis où Washington empêchera son extradition.

Les vols de ravitaillement s'effectuaient souvent dans des conditions difficiles, sur des pistes accidentées, aménagées à la hâte en pleine jungle ou à flanc de montagne, dans des camps dont l'allégeance était incertaine. «On décollait de Panama et on ramassait le *stock* sur la piste de John Hull ou à la base de La Ceiba, au Honduras. Je pilotais et il y avait des hommes à l'arrière de l'avion qui s'occupaient du largage. On larguait quelquefois par parachute, mais, plus souvent, on le faisait en atterrissant sur des pistes très courtes. On arrivait en vue des pistes, on touchait le sol, on ouvrait la porte en roulant, on "droppait" le matériel, et on redécollait», explique le pilote.

Boulanger immobilise rarement son appareil sur la piste pour le déchargement et n'a jamais de contact avec les contras. La raison est simple: il ne sait jamais si le camp qu'il va ravitailler est toujours contrôlé par les amis de Washington ou s'il est passé aux mains de l'ennemi au cours des dernières heures. « Les sandinistes venaient à bout de trouver les pistes. Des fois, on arrivait et on n'était pas sûr s'ils avaient avancé dans la nuit et pris le contrôle de la piste. On arrivait là et on se faisait recevoir comme un éléphant dans un jeu de quilles. »

« Ils nous tiraient dessus avec des armes légères et des lance-roquettes. Ils tiraient des missiles sol-air à tête chercheuse mais c'était difficile d'atteindre un DC-3 avec un missile car il n'y a pas de source de chaleur, c'est un moteur à pistons, et ils ne sont précis qu'à une certaine distance », explique le pilote.

Si les missiles n'atteignent pas l'avion de Boulanger, il arrive que les balles sifflent dans l'habitacle, frôlant la tête des pilotes, et que la carlingue soit transformée en gruyère. « Des fois, il y avait des trous de balles dans l'avion », dit le Rimouskois qui a souvenir d'un événement en particulier. « On venait de larguer dans un camp des contras dans une vallée mais les sandinistes étaient tout près. Ils nous ont tiré dessus, l'avion a été touché et on a "crashé" à la frontière entre le Nicaragua et le Salvador. Nous n'avons pas été blessés mais l'appareil a pris feu. On est parvenu à fuir en entrant dans une rivière et en suivant le courant ».

Ce bain forcé sera l'une des dernières aventures que vivra Boulanger dans sa période de collaboration avec les entreprises bidon de la CIA. Le 5 octobre 1986, un Provider C-123 transportant des AK-47 et des dizaines de milliers de munitions, roquettes et grenades se prépare à atterrir sur une piste contrôlée par les contras, près de la frontière avec le Costa Rica, lorsqu'il est touché par un missile tiré par les sandinistes. L'appareil s'écrase en pleine jungle et les pilotes, Wallace Sawyer et William Cooper, sont tués sur le coup tandis que le quartier-maître Eugene Hasenfus, qui a sauté en parachute, est capturé par les sandinistes. Contrairement aux ordres reçus, les deux pilotes ont gardé sur eux leurs pièces d'identité et les sandinistes découvrent avec stupeur qu'ils travaillent pour la CIA. Ils interrogent le prisonnier Hasenfus qui confirme leurs doutes.

En se rendant chercher du courrier aux bureaux de la Southern Air Transport trois jours avant l'écrasement, Boulanger a vu l'appareil de Sawyer et Cooper. Il connaissait les deux hommes, deux anciens d'Air America qui travaillaient directement pour la CIA. «Officiellement, ils n'avaient pas le droit d'être là. Lorsqu'ils se sont fait abattre, leurs papiers étaient dans leurs poches. Ils n'avaient pas vidé l'avion avant de décoller et ils auraient dû le faire. Lorsqu'on volait, on ne devait pas avoir d'identité. Si on se faisait abattre, c'était *just too bad*», dit-il.

Cette affaire a marqué la fin de l'intervention américaine camouflée au Nicaragua et mené à l'Irangate. Elle a également incité Boulanger à dénicher de nouveaux employeurs. La carcasse du Provider C-123 de Sawyer et Cooper abrite aujourd'hui un bar sur une plage du Nicaragua, dernier vestige du rôle joué par les États-Unis et leurs pilotes fantômes dans ce conflit.

Chapitre 5

Au cœur des cartels

Paf ! Le maillet heurte violemment sa base de bois. « Adjugé pour 680 000 $ », lance d'une voix de stentor le commissaire-priseur.

Bien avant la jungle inhospitalière de la Colombie, c'est à l'encan du shérif de Miami que Boulanger commence sa collaboration avec les cartels colombiens.

Avant de travailler pour les compagnies bidon de la Southern, Boulanger a créé à Montréal une entreprise de consultant en aviation et en achat et vente d'avions, Latitude 52. Lorsqu'il s'est retrouvé au Panama, il a enregistré deux autres compagnies du même genre qui constituent pour lui une couverture idéale, celle d'un honnête homme d'affaires spécialisé dans l'achat et la revente d'avions et qui possède toutes les autorisations nécessaires. Boulanger en avait parlé à quelques lieutenants d'Escobar et, aussitôt, leurs yeux s'étaient mis à scintiller.

– Pourquoi tu ne travaillerais pas pour nous ? lui avaient-ils demandé.

– Qu'est-ce que vous avez à me proposer ? avait répliqué le pilote.

– On se fait saisir beaucoup d'avions par les Américains qui les remettent en vente à l'encan. Les remplacer coûte cher. Penses-tu que tu serais capable d'en récupérer quelques-uns ?

C'est ainsi qu'au tournant de l'année 1984, Boulanger rachète pour 680 000 $ US un Commander 1000 à turbines que le cartel de Medellin avait perdu lors d'une importation qui a mal tourné et qui vaut environ un million et demi de dollars.

Au total, Boulanger récupérera ainsi une douzaine d'appareils confisqués aux cartels. Tous les deux ou trois mois, il se rend à l'encan du shérif de Miami pour récupérer, parmi tous les bateaux, véhicules et autres moyens de transport saisis par les autorités, les appareils perdus par les narcotrafiquants.

Il se rend à l'encan en compagnie d'individus qui font la navette à la banque la plus proche et transportent l'argent au fur et à mesure que la mise progresse. « Lorsqu'on faisait une mise minimum, il fallait déposer 20 % en argent ou avec un chèque certifié. On avait 48 heures pour sortir l'avion de là, tel quel. On avait le droit de le faire voler une seule fois pour le sortir des États-Unis », explique Boulanger qui dirige habituellement les appareils directement à Norman's Cay.

*

Mais cette fois-ci, c'est en Colombie que Boulanger doit livrer le Commander 1000, sur une vaste et luxueuse propriété de 20 kilomètres carrés située au centre du pays, en bordure de la rivière Magdelena. Ce ranch s'appelle Hacienda Napolès et son propriétaire n'est nul autre que Pablo Escobar.

Après avoir posé l'appareil sur la piste longue de 3500 pieds (1067 m), Boulanger est invité à monter à bord d'une voiture et franchit une barrière surplombée d'un Piper Club, l'avion qui a servi à effectuer le premier transport de cocaïne du narcotrafiquant. Durant les quelques kilomètres qu'il doit franchir avant d'arriver à la villa, il ne peut s'empêcher d'apprécier le spectacle qui s'offre à lui. Partout des arbres et des plantes parfaitement taillés, «des jardins aussi beaux que ceux d'un jardin botanique». Outre son aéroport et sa piste privés, le ranch abrite une impressionnante collection de voitures et une piste de course.

En roulant, Boulanger s'étonne de croiser des zèbres, des girafes et autres animaux exotiques. Le ranch Hacienda Napolès possède son propre zoo reproduisant l'habitat des bêtes, même les étangs des hippopotames. Escobar permet aux paysans de la région de visiter gratuitement sa ménagerie. Boulanger se souvient de ce rhinocéros livré trop tard en soirée à Medellin et qui a dû passer la nuit dans un conteneur, ou de ces ocelots dont Escobar s'est débarrassé car ils avaient dévoré son perroquet préféré. Après la mort du narcotrafiquant, le ranch fera l'objet d'un bras de fer entre la famille et le gouvernement. Bogota héritera des animaux mais en cédera finalement la plupart à d'autres jardins zoologiques, faute d'argent pour les entretenir. Il reste encore quelques animaux aujourd'hui, dont des hippopotames vivant à l'état sauvage dans des lacs de la région.

«Il y avait plein de monde partout sur le ranch avec des armes, des gars en camion, d'autres à cheval. C'était l'armée privée d'Escobar. Il y avait aussi beaucoup de paysans qui travaillaient sur le ranch, qui allaient et venaient.»

Boulanger se souvient très bien de sa première rencontre avec Escobar, un homme de sa taille, qui faisait un peu d'embonpoint. Aussitôt, le courant passe entre les deux hommes qui font du jet-ski et mangent ensemble avec, en toile de fond, les chants des mariachis, les musiciens préférés du narcotrafiquant. Boulanger écoule deux jours dans la villa de style colonial espagnol de la Hacienda Napolès et goûte au quotidien du célèbre narcotrafiquant.

«Avec moi, Pablo était correct et assez plaisant. Je le considérais comme une connaissance mais lui me traitait comme un ami, *mi amigo* qu'il m'appelait. Lorsque tu étais son hôte, tu étais bien traité et tu ne manquais jamais de rien. Le ranch était superbe. C'était meublé avec des antiquités et les planchers étaient en tuiles, un véritable palais. Dans le secteur des chambres de Pablo et de sa famille, personne n'avait le droit d'aller là, même pas les invités. »

Sur son ranch où il est entouré de sa famille, Escobar ressemble à un homme en vacances, mais en réalité, c'est son quartier général d'où il dirige son empire criminel d'une main de fer. Il y multiplie les rencontres et se rend régulièrement à Medellin à bord de l'un de ses six hélicoptères ou avions. « Pablo fumait un petit joint de temps en temps mais ne prenait jamais de cocaïne. Ce n'était pas permis. Personne dans le cartel n'avait le droit d'en consommer. Il ne fallait pas que tu touches à ça, c'était un produit pour vendre. Il était très sévère. Si tu faisais de la coke, oublie ça, tu ne travaillerais jamais pour lui. »

À ce sujet, Boulanger dit n'avoir jamais été un fumeur ou un consommateur de drogue, sauf durant une courte période, durant le milieu des années 80, où il revenait fréquemment à Montréal. Il apportait un kilo de cocaïne et louait une suite dans un hôtel du centre-ville, où il invitait quelques amis et faisait des partys.

Boulanger est retourné quelques fois à la Hacienda Napolès par la suite. Il croit que c'est d'ailleurs à cet endroit qu'il a vu le narcotrafiquant pour la dernière fois, à l'été 1988, avant sa première arrestation, comme nous le verrons plus loin.

Au total, le pilote québécois dit avoir rencontré Escobar une trentaine de fois, surtout à l'époque où le chef du cartel de Medellin et sa garde rapprochée étaient en exil au Panama. Il ajoute avoir récupéré une demi-douzaine d'avions pour le célèbre narcotrafiquant mais n'a jamais fait de vols de cocaïne pour lui. C'est une autre histoire avec le cartel de Cali, l'ennemi juré d'Escobar, avec lequel Boulanger a toujours eu plus d'affinités.

*

C'est vers la fin de 1983, alors qu'il se trouve à Miami, que Boulanger a ses premiers contacts avec des membres des cartels colombiens. Plusieurs de ses amis pilotes effectuent déjà des vols de cocaïne pour les narcotrafiquants. Parmi eux, Barry Seal, un pilote américain qui a travaillé pour la CIA. C'est lui qui fait les présentations. Seal, que Boulanger retrouvera à Panama, aura ensuite d'importants démêlés avec la justice américaine et finira assassiné dans une maison de transition de Bâton Rouge, en Louisiane, par des tueurs envoyés par le cartel de Medellin.

Le premier trafiquant important avec lequel le pilote québécois fait connaissance est Tirso Dominguez. Officiellement concessionnaire de Lamborghini et de Ferrari sur Sunrise Boulevard, à Fort Lauderdale, Dominguez, alias Tito, est en réalité un associé de Pablo Escobar et contrôle pratiquement toutes les importations de cocaïne vers la métropole floridienne.

À cette époque, Dominguez est entouré d'une faune de trafiquants disparates. Parmi eux, une femme, Griselda Blanco, qui provoque encore des hauts le cœur au pilote québécois 30 ans plus tard. Surnommée la reine de la coke (*la reina de la coca*) ou la grand-mère de la cocaïne, Blanco, un nom prédestiné, est considérée comme la pionnière de l'importation de cocaïne en Floride et la mentore de Pablo Escobar. Elle avait notamment mis au point un ingénieux système de transport de cocaïne dans des poches dissimulées dans des sous-vêtements conçus spécialement à cette fin dans une lingerie de Medellin.

Mais ce n'est pas pour son ingéniosité que la trafiquante a marqué les mémoires. Au cours de sa sinistre carrière, elle est responsable des assassinats d'au moins 200 personnes, dont un bambin de deux ans tué lors d'une fusillade. « Elle avait toujours sa "gang" avec elle et contrôlait toute la drogue qui entrait à Miami. Elle était sanguinaire et employait des assassins. Elle faisait tuer du monde pour tout et rien. Si elle ne t'aimait pas la face, elle te faisait tuer », se rappelle le pilote.

Boulanger ne croit pas si bien dire. Blanco a également fait assassiner l'un de ses maris avec qui elle a eu un fils parce qu'il voulait retourner en Colombie et qu'elle désirait rester en Floride.

Le fils en question était prénommé Michael Corleone, en hommage au personnage principal de la trilogie *Le parrain*. Rattrapée par son passé, *la reina de la coca* a fini par être à son tour assassinée en septembre 2012 à l'âge de 69 ans par deux suspects en motocyclette, une façon de tuer qu'elle avait elle-même popularisée.

Dans l'entourage de Tirso Dominguez, Boulanger rencontre également des gens dont il aura un meilleur souvenir et qui auront une influence directe sur sa carrière de pilote merce-naire. Parmi eux, trois frères : Fabio, Jorge Luis et Juan Davis Ochoa. « Je me souviens que les Ochoa avaient perdu un équi-page au Mexique dans une importation qui avait mal tourné et que leurs hommes avaient été condamnés à passer 18 mois dans une prison d'État à Guadalajara. Les Ochoa avaient fait bâtir un chalet avec une piscine sur le terrain de la prison et versaient 10 000 $ à 15 000 $ par mois au directeur pour que l'équipage soit gardé dans ce pavillon. Lorsque l'un de leurs hommes se faisait prendre, les Ochoa faisaient porter de l'ar-gent à sa famille, trois ou quatre millions de pesos par mois, c'était un gros salaire en Colombie », se rappelle le pilote.

Particulièrement actifs dans la région de Cali, les frères Ochoa sont au départ des associés d'Escobar, dit Boulanger. C'est durant cette période où l'harmonie existe toujours entre les cartels que le Rimouskois visite pour la première fois le fa-meux laboratoire de Tranquilandia.

Caché dans la jungle de Caqueta près des plaines de Los Llanos, dans l'est de la Colombie, ce laboratoire contrôlé par Escobar est le centre nerveux de la transformation de cocaïne pour tous les cartels confondus. Entre 20 000 et 25 000 kilos y sont produits chaque mois. Plus de 200 personnes s'activent quotidiennement dans cet assemblage d'une vingtaine de bâti-ments contigus avec eau courante et électricité, dans lesquels on trouve notamment une cafétéria, un dortoir et même une école pour les enfants des travailleurs. Les feuilles de coca sont lavées, traitées et raffinées. La poudre est ensuite chauffée dans des micro-ondes pour en chasser l'humidité. Enfin, la cocaïne est emballée et chaque paquet reçoit le sceau du cartel auquel il appartient. «C'était énorme, une vraie usine, une ville en pleine jungle. Il y avait des travailleurs partout qui effectuaient chaque étape, de la transformation jusqu'à l'emballage», se souvient le pilote.

L'aménagement de pistes dans la jungle aurait inévitablement permis aux patrouilles aériennes de repérer le laboratoire. Pour l'approvisionner en matériel et en matières premières, et pour évacuer le produit fini, les narcotrafiquants ont donc construit des routes menant aux plaines voisines de Los Llanos, où ils ont aménagé un fascinant réseau de huit pistes d'atterrissage qui inspirera plus tard Raymond Boulanger, le concepteur de pistes. Les plaines abritaient en effet de nombreux ranchs à bétail et leurs bâtiments. Pour que les pistes ne soient pas vues, Boulanger explique que les narcotrafiquants avaient mis sur pied un astucieux système de maisons de bois sur roues qui pouvaient ainsi être bougées. Aussitôt qu'un avion s'apprêtait à atterrir ou décoller, des paysans de mèche avec les narcotrafiquants déplaçaient les bicoques et la piste apparaissait, tel un mirage. Les maisons reprenaient leur place comme par enchantement aussitôt que le bruit des moteurs s'éloignait.

Mais, les jours de gloire du plus important laboratoire de fabrication de cocaïne de la Colombie tirent à leur fin. Grâce à une taupe, les enquêteurs de la Drug Enforcement Administration (DEA) américaine apprennent que les feuilles de coca sont nettoyées avec des éthers-oxydes et que des dizaines de barils sont régulièrement transportés au laboratoire de la Tranquilandia. Ils fixent sur certains d'entre eux des balises satellites qui les mèneront directement aux installations et attaquent celles-ci avec la police colombienne, le 10 mars 1984. Les autorités détruisent le laboratoire et saisissent près de 14 tonnes de cocaïne évaluée à 1,2 milliard de dollars. Après la destruction de son laboratoire, Escobar déclare la guerre au gouvernement colombien qui se soldera par la mort de milliers de personnes, dont plusieurs juges, parlementaires et journalistes.

*

Cependant, la guerre éclate aussi entre les cartels de Cali et de Medellin et Boulanger doit choisir son camp. Il opte pour le cartel de Cali avec lequel il travaillera de 1985 jusqu'à son arrestation, après le fameux vol de Casey en 1992. Durant cette période, il aura tout de même quelques contacts avec Escobar.

«Le "gang" de Cali n'était pas l'ennemi de Pablo quand j'ai commencé à travailler pour lui, mais il est ensuite devenu son concurrent et la guerre a débuté. Il y avait des assassinats partout dans les deux camps et vingt meurtres par jour à Medellin. Je n'y allais plus, pas plus qu'à Bogota, car c'était devenu trop dangereux. Lorsque tu étais nord-américain, tu pouvais te faire tirer par n'importe qui seulement parce que tu étais un *gringo*», dit le pilote.

Durant ses années d'association avec les cartels, Boulanger a vu de nombreuses personnes être tuées, en particulier durant l'été 1992 alors que la guerre faisait toujours rage entre les différents groupes et que la pression des autorités se faisait plus forte. Il se souvient notamment de ce Colombien avec lequel il était attablé avec d'autres dans un bar. Le temps d'aller aux toilettes et de revenir s'asseoir, l'homme gisait affalé sur la table, une balle dans la tête. Ou encore de cette fois où les restes démembrés de deux mouchards à la solde de la DEA ont été envoyés par la poste aux bureaux de l'agence américaine à Miami, en Floride.

«C'est comme ça la justice, là-bas. Tu connais la conséquence de tes actes. Tout le monde qui est impliqué de près ou de loin connaît les conséquences. C'était le sort réservé aux informateurs qui mettaient en péril les opérations.»

Boulanger se souvient qu'à l'été 1992, une quinzaine d'individus qui projetaient d'enlever un chef narcotrafiquant pour obtenir une rançon avaient été capturés par les hommes de leur cible avant qu'ils aient eu le temps d'agir. «Un soir, ils ont creusé une fosse de dix pieds de profondeur avec un tracteur. Ils les ont tués avec des machettes et découpés en morceaux. Ça hurlait et ça criait. Ils ont vidé des sacs de chaux sur les corps et les ont enterrés. Des exécutions et des tortures, j'en ai vu souvent. C'était courant avec le "gang" de Medellin. Surtout le groupe de Rodriguez Gacha, qui avait le surnom de "El Sangrinario" (le sanguinaire). Il était assoiffé de sang et pouvait tuer un homme pour un rien», raconte le pilote.

Pour se protéger, Boulanger admet qu'il avait régulièrement à cette époque un 357 Magnum ou un Beretta 9mm coincé sous sa ceinture, dans le dos. Il avait un permis et son arme le suivait partout, même sur les vols domestiques en Colombie. Il remettait alors son pistolet à l'agent de bord avant le décollage et le reprenait après l'atterrissage. Le pilote dit cependant ne s'être jamais servi de son arme, même si l'envie lui en a pris une fois après un vol qui avait failli tourner au drame.

En 1992, le pilote recevra en cadeau de ses patrons un véhicule 4X4 blindé de marque Mercedes. Le camion avait été acheté neuf par l'un des narcotrafiquants du cartel dont la vie était menacée. Ce dernier l'avait ensuite envoyé dans un garage spécialisé et avait versé 60 000$ pour que le véhicule reçoive son armure. Le hic, c'est que le type a été assassiné avant que le véhicule soit prêt. Boulanger non plus n'aura pas le loisir de l'utiliser très longtemps puisqu'il sera arrêté quatre mois plus tard, à Casey.

À Cali, Boulanger habite un condo où il passe en coup de vent la plupart du temps, entre deux opérations sur le terrain et ses nombreux voyages à travers le monde. Il séjourne également sur une ferme expérimentale de récupération de sperme de bœuf dotée d'un laboratoire ultra-moderne à Buga, à une soixantaine de kilomètres au nord de Cali. Ce ranch est celui d'un trafiquant qui deviendra non seulement son principal contact, mais aussi son ami. Boulanger refuse d'identifier ce trafiquant qui a déjà habité Montréal et a été l'intermédiaire entre le cartel de Cali et la mafia italienne lors du fameux vol de Casey. Cet ami purge actuellement une longue peine aux États-Unis pour importation de cocaïne.

Les patrons de Boulanger à des échelons supérieurs seront les frères Miguel et Gilberto Orejuela, que le pilote dit avoir déjà vus en train de donner un chèque au futur président de la Colombie, Ernesto Samper. Un autre patron sera Hélmer «Pacho» Herrera, le numéro 4 du cartel de Cali qui a été le premier à embaucher des membres des Forces armées révolutionnaires de la Colombie (FARC) d'allégeance communiste et de la guérilla du Mouvement du 19 avril (M-19), pour surveiller les usines de transformation de la cocaïne.

Attaqué sur tous les fronts par ses concurrents et les gouvernements colombien et américain, le cartel de Medellin décline au même rythme que progresse celui de Cali qui, lui, n'est pas encore inquiété par les autorités. Le cartel de Cali est même victime de sa progression trop rapide lorsque Boulanger fait son entrée en scène.

Les méthodes de largage des narcotrafiquants sont souvent déficientes, leurs pilotes trop jeunes et inexpérimentés et leurs pistes, aménagées à la va-vite dans la jungle, les déserts ou les montagnes, ne sont pas adaptées aux avions qu'elles reçoivent. Résultat : l'organisation perd de 30 à 40 appareils par année, pour des pertes de dizaines de millions de dollars. Le cartel veut que ça cesse.

«Il y avait trop d'avions qui "crashaient". Ils embauchaient des pilotes qui sortaient de l'école. Il y a des vols qui réussissaient et d'autres pas. Dès que les jeunes frappaient du mauvais temps, ils se plantaient dans la mer ou dans les montagnes. Je me souviens d'une fois où un King Air avait planté car la cargaison était trop lourde et avait été mal répartie dans l'avion. Ils avaient mis 300 kilos de cocaïne derrière une porte où il ne fallait pas en déposer plus de 100. Ils bourraient les avions le plus possible et les pilotes suivaient les ordres. Mais les gars des cartels n'étaient pas des génies de l'aviation», constate Boulanger.

Sa première tâche est d'embaucher et d'entraîner les pilotes. Il choisit également le terrain pour la construction des pistes et veille à ce qu'elles soient bien aménagées. Boulanger goûte lui-même à la médecine des pistes mal conçues lorsqu'il s'embourbe avec son Commander 500 sur une piste inondée près de la ville de Cucuta, en Colombie. Il demeure coincé 10 jours dans ce secteur fréquemment survolé par les forces de l'ordre. Il doit appeler en renfort des hommes du cartel qui recouvrent l'appareil d'une énorme bâche et de branches pour qu'il ne soit pas repéré, et sa précieuse cargaison, saisie.

«Il fallait préparer la piste pour voir si elle était capable d'accepter un avion selon son poids et veiller à ce qu'elle soit de la bonne longueur. Souvent, il fallait couper des arbres aux extrémités», se souvient-il.

Dans la zone désertique de La Guajira, dans le nord de la Colombie, d'où il décollera en novembre 1992 en direction de Casey, Boulanger fait aménager des pistes sous des paravents rappelant ceux utilisés pour cacher l'existence du laboratoire de la Tranquilandia. Il ordonne que tous les arbustes et arbrisseaux coupés soient conservés et lestés à un bloc de béton. Lorsque la piste est utilisée, ces «éléments de décor» sont déplacés et replacés par 300 ou 400 paysans payés par le cartel.

«D'en haut, tu ne voyais rien, c'étaient des broussailles. Quand j'étais sur le point d'atterrir, j'envoyais un signal. Il y avait un paysan à chaque arbuste et il le déplaçait. J'atterrissais et ils les replaçaient tous. La nuit, c'était la même chose mais avec des *flarepots* à l'huile, il y avait un gars pour chaque lanterne. Tu voyais ça s'allumer en cascade quand j'arrivais», décrit-il.

*

Boulanger est partout, sur le terrain, à donner des conseils et des instructions au point qu'on le surnomme «*el Commandante*» (le commandant) dans les rangs du cartel de Cali. Il faut de l'imagination et de l'effort pour garantir les pistes. Mais il arrive que la sueur ne soit pas la seule à couler sur ces chantiers improvisés : le sang également. À quelques reprises, Boulanger et les narcotrafiquants sont victimes d'embuscades menées par des groupes criminels locaux qui veulent mettre la main sur la précieuse marchandise. La plupart du temps, ces bandits sont informés du départ ou de l'arrivée d'un voyage par «quelqu'un qui connaît quelqu'un» au sein de groupes rebelles de la Colombie ou du Pérou qui permettent au cartel d'aménager des pistes sur leur territoire en échange de leur protection et d'un généreux pourcentage sur les profits.

En janvier 1986, Boulanger se retrouve au beau milieu d'une fusillade opposant narcotrafiquants et voleurs sur une route près de la rivière Meta dans la jungle de Los Llanos, à la frontière entre la Colombie et le Venezuela. Alors qu'il attend le passage d'un véhicule bourré de cocaïne à la suite d'un atterrissage, des camionnettes arrivent en trombe et bloquent la route dans un nuage de poussière. Des hommes lourdement armés en sortent et ouvrent un feu nourri vers les narcotrafiquants. Les balles se mettent à siffler au-dessus de la tête de Boulanger qui se couche dans un fossé. De part et d'autre, les AK-47 crépitent durant 45 minutes. Devant la résistance acharnée des narcotrafiquants, les agresseurs finissent par quitter les lieux bredouilles, laissant quatre d'entre eux gisant sur le terrain. Lors d'une autre embuscade, la situation est tellement corsée que Boulanger doit détruire l'avion convoité par les bandits en l'incendiant.

Avant de faire appel au pilote québécois, les narcotrafiquants préconisaient, pour le largage de ballots de cocaïne en pleine mer, une méthode nocturne aussi curieuse que périlleuse. Ils envoyaient un bateau ayant deux mâts aux extrémités, l'un surplombé d'une lumière verte et l'autre d'une lumière rouge. L'équipage de l'appareil transportant la drogue s'enlignait sur la lumière verte, effectuait une descente à 300 pieds (91 m) et larguait les ballots dans l'eau le long du navire jusqu'à ce qu'ils atteignent la hauteur de la lumière rouge. La fenêtre de largage ne durait que quelques secondes et il fallait recommencer ce manège plusieurs fois, augmentant ainsi les risques d'accidents. Ce sont des matelots du bateau qui récupéraient les ballots à l'aide de pneumatiques.

« C'était très dangereux et stupide. Ils ont perdu plusieurs avions comme ça. Le radar, il voit même la nuit et par mauvais temps. Tout ce qu'ils faisaient, c'était de faire voler des gars sans expérience dans des conditions dangereuses. La nuit, il n'y a personne au-dessus des océans et c'est beaucoup plus facile pour les radars de vous détecter. J'ai changé les méthodes », dit-il.

Boulanger propose au cartel de larguer en mer du côté de l'océan Pacifique, au large de la Baja California. Il enseigne également aux jeunes pilotes colombiens comment traverser le Venezuela à basse altitude sans se faire repérer et entrer dans les voies aériennes des Caraïbes pour larguer près des îles Vierges. « On larguait encore directement en mer près d'un bateau, oui, mais de jour! Fini le "fuckaillage" de nuit et la désorientation spatiale parce qu'il n'y a pas d'horizon. »

Boulanger et ses sbires effectuent également des diversions lorsqu'ils larguent en haute mer dans une zone qu'ils savent surveillée par les patrouilles mexicaines et les avions de la DEA ou de la douane américaine. Ils décollent avec deux appareils. À 200 milles (322 km) au large, le premier largue des ballots appâts contenant du coton près de bateaux de pêcheurs complices des narcotrafiquants, ce qui attire aussitôt les appareils des autorités dans cette zone. L'équipage du second avion, qui transporte entre 500 et 600 kilos de vraie cocaïne, peut alors larguer sa marchandise sur d'autres bateaux de pêcheurs, sans être inquiété.

*

Boulanger prodigue ses conseils au moment où le cartel de Cali mène l'une des plus importantes invasions de cocaïne de l'histoire de la Colombie aux États-Unis et au Mexique. Selon le pilote, entre 30 et 40 avions bourrés de poudre blanche décollent chaque jour de l'ouest et du nord de la Colombie à destination de la mer des Caraïbes ou du Pacifique. Ils atterrissent sur des pistes clandestines aménagées dans la jungle, près de Tapachulas, à la frontière du Guatemala et du Mexique, mais également sur d'autres pistes longues de plusieurs kilomètres qui reposent au fond du grand lac séché de Llanos de Baturi, sur la Baja California, ou qui ont été tracées dans le désert mexicain de Nuevo Leone, près de Monterrey. «Tous les vols qui partaient de Cali s'en allaient dans le Pacifique. Tous ceux qui décollaient du nord de la Colombie se dirigeaient vers le Mexique ou Haïti. Dans ce petit pays, ils larguaient en mer ou se posaient sur des pistes avec la permission de la police qui était payée 500 000 $ pour chaque atterrissage», raconte Boulanger.

Dans les Bahamas, l'île de Norman's Cay n'est pas qu'une plaque tournante du trafic de cocaïne : elle devient une véritable tête de pont pour les importations massives vers les États-Unis. Là aussi, tout se fait avec la complicité des autorités, dit Boulanger, y compris celle du premier ministre Lynden Oscar Pindling soupçonné d'accepter l'argent des contrebandiers en échange de son silence. Des enquêtes démontreront que Pindling aurait dépensé jusqu'à huit fois sa fortune personnelle au début des années 80 et que lui et sa femme auraient reçu près de 60 millions de dollars sans justification. Durant plusieurs années, les États-Unis voudront extrader Pindling pour le juger, mais sans succès.

Chaque avion du cartel de Cali qui décolle en direction des États-Unis ou du Mexique transporte en moyenne entre 500 et

1200 kilos de cocaïne, dit le pilote. Mais les narcotrafiquants utilisent parfois de gros porteurs tels des Caravelle ou des Boeing 727 dans lesquels ils importeront de bien plus grosses cargaisons. En 1992, l'affaire de Casey avait frappé l'imaginaire québécois avec ses 4000 kilos et constituait alors la plus importante importation de cocaïne de l'histoire du Canada. Du menu fretin comparativement à ce que le pilote dit avoir transporté en ces années folles du cartel de Cali. Un jour, il a posé sur le fond du grand lac séché de Llanos de Baturi un Caravelle contenant pas moins de 12 tonnes de cocaïne, soit trois fois plus qu'à Casey. Même que cette quantité est bien loin du record établi par le cartel : selon Boulanger, des Boeing 727 ont atterri régulièrement avec 20 tonnes de drogue dans le désert de Nuevo Leone. Lui-même devait effectuer un vol de 20 tonnes à bord d'un tel appareil. En juillet 1992, il a même testé l'ouverture de la passerelle d'un Boeing 727 et le largage de faux ballots en plein vol, mais il n'a jamais pu mettre son projet à exécution en raison de son arrestation survenue en novembre suivant.

En cette « belle époque » du cartel, la cocaïne n'est pas seule à couler à flots, l'argent également. Boulanger est payé 1000 $ du kilo transporté. Il ne fait jamais de vol de moins de 800 kilos. Faites le calcul : le lecteur pourrait être impressionné par cette paie de 800 000 $ gagnée en quelques heures, mais pas le pilote québécois qui lève le nez sur une telle somme. « C'était rien ça, 800 000 $. C'était *cheap*. C'était rare que je faisais un vol en bas d'un million et demi de dollars. En bas de 1000 kilos, je prenais mille piastres du kilo plus 10 % des revenus de la vente. En haut de 1000 kilos, je gagnais encore 1000 $ du kilo mais je recevais 5 % des recettes », explique Boulanger qui ajoute paradoxalement qu'il n'a jamais fait cela pour l'argent, qu'il était « même un peu "lousse" à ce sujet car le plus gros problème des gars de cartel, c'était de cacher leur argent ».

Mais il ne faut pas croire que le pilote gagnait un million de dollars par semaine. Boulanger dit avoir fait en moyenne deux ou trois vols de cocaïne par année, pour un total de huit à dix vols durant les années fastes de 1985 à 1988. Ce n'est pas qu'il n'aurait pas voulu en faire davantage, mais les choses se corsaient. En cette année 1987, les autorités américaines et colombiennes unissent leurs efforts contre les narcotrafiquants, et Boulanger et ses amis pilotes savaient qu'ils faisaient l'objet d'une enquête et qu'ils étaient surveillés.

Pour fuir cette pression policière, le pilote revient de temps en temps au Québec pour y passer quelques semaines dans le chalet d'un ami, à Sutton. Chaque fois qu'il retourne en Colombie, il ne s'y rend jamais directement : il s'arrête à Panama où un agent corrompu de la DAS (Departamento Administrativo de Seguridad, la police secrète de la Colombie), envoyé par le cartel de Cali, le rejoint dans l'avion et l'escorte jusqu'à sa destination de façon à ce que ses déplacements ne soient jamais estampillés dans son passeport.

*

C'est lors de l'un de ces allers-retours au Québec, à l'été 1987, que Boulanger rencontre sa troisième et dernière femme dans un bar de Sutton. Sept mois plus tard, le jour de la Saint-Valentin, des vœux sont échangés dans un hôtel de la rue Atwater, à Montréal. Alors que la mariée a convié plusieurs invités, Boulanger, lui, n'en a qu'un seul, le pianiste de l'événement. Ce dernier, que Boulanger avait rencontré dans un bar et qui était devenu son ami, était l'Américain Dwayne Ford, à l'époque le mari de la chanteuse Patsy Gallant. « C'était comme un *shotgun wedding*. Moi, ça ne me tentait pas du tout de me marier mais je l'aimais bien. Elle pensait que ça allait me calmer et me garder à la maison, mais ça a été le contraire », dit Boulanger qui admet aujourd'hui que cette union fut bien plus un coup de tête qu'un coup de cœur. Mais un événement allait bientôt planter le dernier clou dans le cercueil de ce mariage fragile.

En même temps qu'il travaille à plein temps pour le cartel de Cali, Boulanger continue occasionnellement de racheter à l'encan du shérif de la Floride des avions saisis au cartel de Medellin. Au début de l'été 1988, alors que le pilote est en vacances au Québec, il reçoit la mission de se rendre à Miami afin de récupérer un Mitsubishi MU-2 perdu par l'organisation de Pablo Escobar qui sera bientôt offert au public. L'avion de luxe bimoteur à turbine de huit places, pouvant filer à 350 milles (563 km) à l'heure et disposant d'une excellente autonomie, manque beaucoup au célèbre narcotrafiquant qui s'impatiente de le recouvrer.

Enthousiaste à l'idée de passer quelques jours sous le soleil de la Floride, le père de Boulanger décide de l'accompagner. Les deux hommes projettent de se rendre en voiture jusqu'à l'aéroport de Burlington, au Vermont, et de s'envoler ensuite pour Miami. Ils empruntent la route 237 et se présentent aux douanes américaines du poste frontalier de Frelighsburg, dans les Cantons-de-l'Est.

– Où allez-vous et pourquoi ? demande le douanier américain à Boulanger.

– Je vais à Miami en vacances avec mon père pour quelques jours, répond le pilote.

– Avez-vous quelque chose à déclarer ?

– Non.

Mais l'agent des douanes n'est pas dupe. Peut-être a-t-il constaté que le conducteur est un homme qui voyage beaucoup, peut-être un peu trop. L'air suspicieux, il appelle des collègues en renfort et fait signe à Boulanger, qui sent la nervosité le gagner peu à peu, de sortir de la voiture. Les douaniers tournent autour du véhicule et ordonnent au pilote d'ouvrir le coffre. Boulanger s'exécute, découvrant les bagages et ceux de son père. Au milieu des valises, une mallette attire l'attention des agents, qui l'ouvrent. Elle contient 65 000 $, soit la mise de départ que Boulanger devait mettre sur l'avion d'Escobar à l'encan.

Le pilote est aussitôt arrêté pour avoir omis de déclarer la somme et conduit dans une prison du Vermont, à Newport. Il y passera six mois avant d'être jugé, le magistrat ayant des problèmes de santé. Malheureusement pour Boulanger, la loi avait changé dans les mois précédant son arrestation : toute personne trouvée à la frontière en possession d'une somme non déclarée variant entre 50 000 $ et 150 000 $ était maintenant automatiquement condamnée à 18 mois de prison. C'est exactement la peine à laquelle le juge le condamne. Boulanger ira rejoindre les mafiosi de la région de Boston à la prison de Danbury, au Connecticut. Il sortira finalement au bout de 14 mois, en octobre 1989, sans se douter que cette première sentence sera un avant-goût de ce qui l'attend dans les années à venir. Mince consolation, même s'il n'a pu racheter le Mitsubishi, Boulanger a tout de même reçu sa paie de 50 000 $ promise par Pablo Escobar. Mais ce sera la dernière fois qu'il aura des nouvelles du chef du cartel de Medellin.

*

À sa sortie de prison, Boulanger reprend son travail avec le cartel de Cali. À la fin de décembre 1989, il est dans un condo d'un édifice du centre-ville de Panama en compagnie d'une demi-douzaine d'autres pilotes lorsqu'ils sont réveillés en sursaut en pleine nuit par des sirènes, des détonations et des bruits d'explosion. À demi réveillés, ils se ruent aux fenêtres et allument la télévision pour savoir ce qui se passe : la chaîne CNN décrit une invasion américaine au Panama pour capturer le général Noriega. Dans le bas de l'écran apparaissent ces mots : *Operation Just Cause*. Après des années d'hésitation, Washington est bien décidé à se débarrasser de l'homme fort controversé du Panama, devenu vraisemblablement un peu trop compromettant et encombrant pour elle.

Boulanger et ses compagnons ne sont qu'à quelques kilomètres du quartier général de l'armée de Noriega (la PDF, la Panama Defense Force) et du terrain de soccer que les commandos américains envahissent. Témoins des combats de rue, ils demeurent prisonniers de leur condo durant quelques jours. «Nous ne sommes pas sortis de là. Il y a eu plusieurs morts. La "gang" de Noriega se défendait, alors ça tirait à gauche et à droite. Nous autres, on ne bougeait pas de là, on regardait ça des balcons de notre penthouse», se remémore Boulanger.

L'immeuble où se trouvent les pilotes est à trois coins de rue de l'ambassade du Vatican, où Noriega se réfugie après quelques jours de résistance acharnée. Boulanger voit les camions semi-remorques avancés par les Américains et surmontés d'énormes haut-parleurs qui crachent des décibels de musique *heavy metal* vers le bâtiment diplomatique pour briser le moral du général déchu et le forcer à se rendre. C'est ce que fera Noriega après quatre jours de siège, le 3 janvier 1990. Il sera ensuite successivement jugé et condamné pour trafic de drogue, blanchiment d'argent et meurtres aux États-Unis, en France et au Panama. Au moment d'écrire ces lignes, il était toujours détenu dans son pays.

Durant les 14 mois que Boulanger a passés en prison aux États-Unis, les choses ont bien changé en Amérique centrale. Le cartel de Medellin a été terrassé et les autorités se sont concentrées sur son ennemi et ont accentué leur pression sur le cartel de Cali. L'espace aérien est très surveillé et il est devenu très risqué pour les narcotrafiquants de revenir avec leurs appareils après une livraison, si bien que des dizaines d'avions sont brûlés ou enterrés dans le désert.

Au printemps 1991, Boulanger vient de larguer 400 kilos de cocaïne sur un bateau à environ 75 kilomètres au large de Tortola, dans les îles Vierges, et se dirige vers Maturine au Venezuela pour refaire le plein lorsque le moteur droit de son Cessna 310 explose en plein vol et prend feu. Il communique avec les occupants du navire et leur demande de s'immobiliser et de jeter l'ancre. Il revient sur ses pas et pose son appareil sur l'eau. Les marins récupèrent Boulanger et son copilote pendant que les deux hommes regardent le spectacle de l'avion qui sombre tranquillement dans l'océan. La perte de cet appareil était accidentelle mais quelques semaines plus tard, à la suite d'un largage au large d'Antigua, Boulanger en sabordera un autre en pleine mer, intentionnellement cette fois, à la demande de ses patrons.

Appuyées en matériel et financées à coups de millions de dollars par les Américains, les autorités de la Colombie et de ses pays voisins se lancent dans une guerre sans merci contre le cartel de Cali. La redoutable aviation péruvienne abat plusieurs petits avions bimoteurs, appelés *avionetas*, que le cartel utilise pour chercher la base de la cocaïne au Pérou et approvisionner ses nombreux laboratoires camouflés en usines, abattoirs ou entrepôts légitimes, et tue plusieurs de ses pilotes. Cette bataille fait même d'innocentes victimes, dont une missionnaire américaine et ses enfants tués par erreur par l'aviation péruvienne au-dessus du fleuve Amazone, dit Boulanger. Les limites de l'horreur sont sans cesse repoussées lorsqu'une base de l'armée de l'air péruvienne est attaquée et que 10 cadets de l'armée colombienne sont massacrés, en guise de représailles.

Pour Boulanger, c'en est trop. Au tournant des années 90, il préfère changer d'air et déménage ses pénates en Europe et au Moyen-Orient, pour un chapitre moins connu mais non moins étonnant de sa vie turbulente.

Chapitre 6

Pied de nez aux Américains

Au faîte de sa vie de pilote mercenaire, entre 1985 et 1992, Boulanger est constamment en déplacement. Il fait la navette entre les Amériques centrale et du Sud, le Québec, l'Europe, l'Afrique et le Moyen-Orient. Car, en plus de voler pour les compagnies bidon de la CIA et de travailler pour le cartel de Cali, le pilote vend aussi des pièces d'avions à l'Iran et entretient des appareils en Libye, deux pays sous le coup de mesures de restriction imposées par les États-Unis. Durant un certain temps, il porte tous ces chapeaux simultanément.

Les activités de vente de pièces d'avions de Boulanger prennent de l'ampleur à la suite de sa libération de prison, à l'automne 1989. À compter de cette date, il n'est plus du tout impliqué dans le conflit au Nicaragua et diminue temporairement ses contacts avec le cartel de Cali, submergé à son tour par les assauts concertés des autorités colombiennes et américaines. Entre l'automne 1989 et 1992, il achète quelques avions et aménage quelques pistes pour les narcotrafiquants, mais il ne fait aucun vol de cocaïne.

«Je faisais mon triangle : Belgique, Montréal, Colombie. À ce moment-là, mon passeport était plein de tampons de la Libye, de la Tunisie et de l'Iran. C'était ma *run* jusqu'à ce que je me fasse arrêter, en 1992. Je revenais ici passer deux ou trois jours pour voir mes enfants et mon père. Je restais quasiment juste pour changer de linge et je travaillais toute la nuit dans mon bureau avec mes télécopieurs. Je vivais dans une valise, c'est pour ça que j'ai divorcé avec ma dernière femme», dit-il.

C'est vers la fin des années 70 que Boulanger a enregistré à Montréal son entreprise de consultation en aviation, Latitude 52. Lorsqu'il sort de prison à l'automne 1989, il réactive dans un bureau du Vieux-Montréal sa compagnie qui dormait sur papier depuis plusieurs années. Avec Latitude 52, le pilote effectue des études de faisabilité et émet des recommandations, prépare des documents d'importation et d'exportation, achète et vend des appareils et des pièces, embauche, forme et paie des pilotes, etc. Latitude 52 possède deux compagnies sœurs au Panama. Son siège social est un entrepôt situé sur le chemin de la Côte-de-Liesse, tout près de l'aéroport qui s'appelait encore Dorval à l'époque.

Boulanger n'est pas du genre à rester inactif, même en prison. Alors qu'il purge sa peine de 18 mois, le pilote rencontre dans la prison de Danbury quelques individus dont les profils criminels n'ont rien à voir avec les voleurs, fraudeurs, agresseurs ou vendeurs de stupéfiants qui remplissent normalement les pénitenciers.

L'un d'eux, Arif Durrani, fils d'un général du Pakistan au train de vie d'ailleurs princier, avait été arrêté pour avoir mis son grain de sel dans l'Irangate et vendu des pièces de missiles à ce pays du Moyen-Orient en pleine tension avec les États-Unis. Durrani est lié à la compagnie Merex, une multinationale américaine dont le siège social est à Camarillo, en Californie. Merex fait de la consultation pour les fabricants américains d'avions et d'hélicoptères militaires et appuie plus d'une quarantaine d'armées dans le monde.

Lors de sa détention, Boulanger tisse également des liens avec un Belge appréhendé à Boston pour avoir vendu des puces électroniques à un pays du bloc de l'Est et qui a également des liens avec une société anonyme de Bruxelles associée à Merex. Le titre de président de Latitude 52 de Boulanger intéresse particulièrement ce Belge qui propose au pilote québécois de s'associer avec lui, une fois leurs peines purgées. C'est ainsi que Boulanger prend le chemin de Bruxelles à l'automne 1989.

Selon le pilote, la Belgique est alors une plaque tournante de la vente d'armes et de matériel militaire, neuf ou usager. Les ambassades de plusieurs pays organisent régulièrement des soirées dans la capitale belge auxquelles sont conviés des consuls, attachés militaires et représentants de compagnies de partout dans le monde. C'est lors de l'une d'elles que Boulanger fait la rencontre de représentants de l'armée de la nouvelle République islamique d'Iran.

Fraîchement sorti d'un long et éprouvant conflit avec son voisin l'Irak, Téhéran est à couteaux tirés avec les États-Unis depuis l'arrivée au pouvoir de l'ayatollah Khomeini et la crise des otages de 1979-1980. En raison de l'embargo américain qui a suivi, l'aviation iranienne manque cruellement de pièces pour ses appareils cargo Hercules C-130 et ses chasseurs F-4 Phantom.

Mais, dans son entrepôt du chemin de la Côte-de-Liesse, Boulanger a tout ce qu'il faut : systèmes de freins et pneus pour les F-4 et pièces pour les moteurs des Hercules. Quelque temps auparavant, il a aussi établi un lien d'affaires avec un Allemand possédant des entrepôts pleins à craquer de radars pour les Phantom. Enfin, grâce à ses contacts à Miami et à Mobile, en Alabama, il a également accès à une multitude de pièces fabriquées par des compagnies américaines.

C'est ainsi, décrit Boulanger, qu'une succursale belge de Merex, une entreprise dont le siège est pourtant aux États-Unis, aidera un pays sous le coup d'un embargo américain en faisant appel aux services du pilote pour approvisionner en pièces d'avions l'armée iranienne. Le système est simple : chaque mois les représentants de la Force aérienne de la République islamique d'Iran envoient par télécopieur au pilote la liste des pièces dont ils ont besoin.

«Par la suite, j'achetais des pièces de plusieurs compagnies aux États-Unis ou de *jobbers* à Miami. Je les mettais dans mon entrepôt du chemin de la Côte-de-Liesse et je les envoyais à la société anonyme liée à Merex, en Belgique. Ensuite, la société belge les vendait directement à une compagnie en Suisse, où les Iraniens les récupéraient. L'embargo était ainsi contourné», raconte Boulanger.

La plupart du temps, le pilote rencontre les attachés militaires iraniens à Bruxelles, mais, à quelques reprises, il se rend à Téhéran en passant par la Libye pour éviter la suspicion des autorités américaines qui ont à l'œil les globe-trotters de cette partie du monde. Il fait la tournée des bases aériennes iraniennes et rencontre leurs représentants militaires dans leurs maisons privées, où la discussion se déroule derrière un verre de scotch, malgré l'interdiction des ayatollahs.

Durant les cocktails des ambassades et les foires d'équipement militaire, Boulanger croise une multitude de concepteurs et de fabricants d'armes, avions, blindés et véhicules de toutes sortes. Un soir, il reconnaît une silhouette familière en grande conversation avec un officier de l'armée irakienne, son éternel verre à la main. C'est l'ingénieur montréalais Gerald Bull, rencontré la première fois à Montréal puis revu sur le sable chaud de la Barbade.

Bull est un habitué de ces soirées au cours desquelles il négocie avec l'armée irakienne la construction d'un de ses canons géants dans le cadre d'un projet appelé Babylone. Il raconte à Boulanger, photos à l'appui, qu'il a construit un prototype plus petit en Irak et qu'il discute la construction avec l'armée de Saddam Hussein d'un modèle deux fois plus gros, long de 150 mètres, d'une bouche d'un diamètre d'un mètre, pesant plus de 2000 tonnes, capable d'envoyer des projectiles de

2000 kilos en orbite mais également de tirer des obus. Une entente aurait été conclue entre Bagdad et Bull, pourvu que l'ingénieur ontarien aide parallèlement l'armée irakienne dans son projet de développement de missiles longue portée SCUD. On commence alors la fabrication des sections de l'imposant canon en Angleterre et dans d'autres pays d'Europe.

Durant les séjours de Boulanger en Belgique, les deux hommes se rencontrent à plusieurs reprises. Bull loue un logement au centre-ville de Bruxelles et lui et Boulanger mangent régulièrement au restaurant de l'hôtel Métropole. Bull, que chaque gorgée de whisky rend plus volubile, est nerveux et fait part de ses craintes au pilote. Le MI-5 (les services d'espionnage britanniques) l'a prévenu plusieurs fois que le Mossad (les services secrets israéliens) voit d'un très mauvais œil la construction, en Irak, d'un supercanon capable d'atteindre Israël. Cette idée ne plaît pas non plus à l'Iran, qui sort à peine d'une guerre de huit ans avec l'Irak. De l'autre côté, Bull sent de plus en plus le souffle chaud du dictateur irakien dans son cou.

« Il m'a dit : *I'm beetween a rock and a hard place. J'ai Saddam Hussein qui me menace, d'un côté, et de l'autre, les Anglais qui me disent que les Israéliens veulent ma peau. Je suis pris. Si j'arrête, Saddam m'élimine et si je continue, ce sera quelqu'un d'autre »*, cite Boulanger. « Il avait peur. Il sentait que ça ne marchait pas. Il ne savait juste pas quand ça allait venir et qui allait lui *faire la job.* Il y avait également la police secrète de l'Iran qui le surveillait. Il n'aimait pas ça non plus. Il était dans le trouble avec ses canons et n'était plus capable de reculer car l'Irak avait investi un sacré montant d'argent là-dedans ».

La dernière fois que Boulanger rencontre et échange quelques mots et verres avec Bull, c'est au début de mars 1990. Deux semaines plus tard, l'ingénieur canadien est abattu de cinq projectiles sur le pas de la porte de son appartement de Bruxelles. L'assassin a pris soin de récupérer les douilles et n'a pas touché à l'importante somme d'argent que Bull avait en sa possession. « Cinq balles, deux dans la nuque et trois dans le bas de la colonne, c'est la signature du Mossad », dit Boulanger. C'est effectivement la thèse la plus plausible, mais, presque 25 ans plus tard, le meurtre de Gerald Bull n'a toujours pas été résolu. Plusieurs gouvernements auraient pu lui en vouloir.

Au début des années 90, après qu'il eut commencé à vendre des pièces d'avions aux Iraniens, Boulanger obtient un autre contrat par l'intermédiaire de la succursale anonyme de Merex à Bruxelles et se rend régulièrement dans le désert du Sahara, en Libye. Ce pays d'Afrique du Nord, dirigé d'une main de fer par le colonel Mouammar Kadhafi, subit un contraignant embargo pétrolier des États-Unis depuis l'attentat contre le vol 103 de la Pan Am qui a fait 270 morts à Lockerby, en Écosse, en décembre 1988. En vertu de cet embargo, la pétrolière américaine Exxon, qui possède des puits de pétrole en Libye, ne peut plus poursuivre ses opérations dans ce pays. Officiellement du moins, car, raconte Boulanger, elle continue tout de même à le faire par des moyens détournés en se servant de la compagnie allemande Veba pour exploiter le site pétrolier Beda, situé en plein cœur du désert du Sahara.

Pour continuer à exploiter ses installations, Exxon a besoin d'avions pour appuyer ses pétroliers en haute mer et permettre à ses dirigeants de se déplacer. Puisqu'aucune compagnie américaine ne peut avoir de contrat en Libye, la pétrolière fait appel à une compagnie suisse qui enregistrera des appareils et embauchera des pilotes et des mécanos étrangers pour les entretenir. Boulanger, qui possède sa propre compagnie et toute l'expertise nécessaire, est du nombre.

Tous les deux mois environ, le pilote de Rimouski quitte Bruxelles pour Zurich, en Suisse, et redécolle en direction de Tripoli. « J'arrivais dans la capitale libyenne, je couchais là un soir et le lendemain matin, je partais pour Beda, dans le désert. Je montais dans un vieil appareil de la Libyan Airlines. Je me souviens qu'un jour, en plaçant ma valise dans un vieux Fokker F27, le support à bagages m'est tombé dessus », décrit-il en riant.

Durant ces voyages éclair sur des bases dans les plaines de sable de la Libye, Boulanger supervise l'entretien des King Air 200 de la compagnie suisse sous contrat avec Veba. Il passe quelques jours sur la piste du site pétrolier où s'activent des travailleurs de tous les pays. Le pilote se souvient des mécanos allemands qui fabriquaient leur propre bière et des Irlandais qui entretenaient les camions de pompiers de la piste, et qui n'hésitaient pas à démarrer les moteurs pour une petite course spontanée après avoir consommé quelques verres de whisky. Lors d'un séjour un peu plus long, Boulanger et ses compagnons se permettent même une petite expédition en Jeep dans le désert libyen et franchissent la frontière du Tchad, au sud.

À cette époque, son employeur suisse l'envoie également livrer quelques appareils dans des pays d'Afrique, dont l'Angola et le Mozambique. Boulanger file le parfait bonheur sous les laconiques appels à la prière des muezzins perchés sur les minarets de Téhéran et dans les dunes du Sahara jusqu'à ce que des nuages inquiétants, formés au-dessus du golfe Persique, se profilent à l'horizon, balayant tout sur leur passage. C'est l'opération *Tempête du désert* par laquelle près d'un million de soldats américains et leurs alliés libéreront en quelques jours le Koweït occupé par l'armée irakienne. Pour le pilote québécois, le soleil du désert libyen est devenu beaucoup trop chaud et le sable trop brûlant. La chaleur, policière celle-ci, se fait également plus suffocante à Montréal.

Dans les mois précédents, Boulanger a en effet été approché par un groupe de criminels de Montréal s'apprêtant à importer 75 tonnes de haschisch au Canada. L'importante quantité de drogue doit être dissimulée dans une cargaison de crevettes et les importateurs demandent au pilote d'entreposer temporairement une partie de la cargaison dans son local du chemin de la Côte-de-Liesse. Pour remplir adéquatement son mandat, Boulanger fait livrer deux congélateurs commerciaux dans son bâtiment.

Mais, les choses ne se passent pas comme prévu et la Drug Enforcement Agency (DEA) américaine arraisonne le navire contenant la drogue au large de l'île Midway, dans le Pacifique. De fil en aiguille, l'enquête conduit les enquêteurs de la DEA et de la Sûreté du Québec sur les traces de Boulanger. Les limiers s'installent dans une chambre du 2e étage d'un hôtel situé tout près de l'entrepôt du pilote et observent ses allées et venues avec des jumelles. Mais le bâtiment, qui ne comporte aucune fenêtre et n'a qu'une seule porte, ne révèle aucun secret aux limiers. L'un d'eux, John Spada, de la section des stupéfiants de Montréal, décide alors de s'y prendre autrement. « On était sur une grosse importation qui devait arriver à Vancouver et qui était orchestrée par des acteurs internationaux et le gang de l'Ouest. L'enquête nous a menés jusqu'à Boulanger et on a constaté qu'il sécurisait un entrepôt sur Côte-de-Liesse. Je l'ai abordé dans un bar. Je me suis fait passer pour un camionneur et je lui ai offert mes services. C'est comme ça qu'on a pu l'approcher », raconte l'ancien enquêteur aujourd'hui à la retraite.

Boulanger raconte qu'il s'est ensuite rendu jusqu'à San Francisco pour y subir un interrogatoire serré de sept heures aux mains de la DEA. « Ils voulaient savoir à quoi devaient servir mes deux congélateurs. Je leur ai expliqué que j'attendais une cargaison de crevettes pour les entreposer, que j'avais un contrat en bonne et due forme et que ce que mon client voulait mettre dans ses crevettes, cela ne me regardait pas. Je leur ai dit que j'ignorais complètement que les crevettes devaient servir à camoufler du haschisch », ajoute le pilote, sourire en coin. Les importateurs devaient verser un million de dollars au pilote pour l'entreposage des crevettes, mais il dit ne pas avoir reçu un sou.

Une fois revenu au Québec, Boulangera ne tentera pas le diable une deuxième fois. Ayant appris sa leçon, il met immédiatement la clé dans la porte de son entrepôt, quitte à perdre les 25 000 $ qu'il a versés en dépôt au locateur. Une arrestation pour importation de stupéfiants marquerait assurément la fin de son association avec Merex et il apprécie trop cette relation d'affaires pour la sacrifier. «J'aimais beaucoup ça car c'étaient toutes sortes de tricheries! Tout ce qui permet de déjouer les Américains, moi j'aime ça», dit Boulanger.

*

Mais, si Boulanger s'en tire à bon compte cette fois-ci, ce n'est que partie remise. Même si son contrat avec la société anonyme belge liée à Merex était toujours ouvert en 1992, il prendra fin de façon abrupte un certain jour de novembre. Depuis quelque temps, le pilote a en effet retrouvé de vieux amis colombiens. Au printemps 1992, Boulanger, qui a alors 44 ans, est à Cali où il reprend ses fonctions et son siège de pilote pour le cartel.

Un soir, alors que lui et quelques amis narcotrafiquants sirotent un verre près de la piscine de l'hôtel Intercontinental, leur mâchoire se décroche sur le passage, dans une démarche toute sensuelle, d'une véritable déesse moitié blanche moitié latino, aux magnifiques yeux et cheveux bruns. La femme dans la fin vingtaine, qui porte escarpins et uniforme d'hôtesse, veille sur les invités d'un congrès qui se déroule à l'hôtel. Les quatre hommes n'en croient pas leurs yeux lorsqu'elle s'approche d'eux, une cigarette aux lèvres, et demande du feu.

– Attends un peu, tu vas aussi prendre un verre avec nous? dit Boulanger.

Contre toute attente, la jeune femme s'assoit et la conversation s'engage durant quelques minutes. À l'issue de la discussion, la muse annonce à Boulanger qu'elle termine son quart de travail à 23 heures et lui demande son numéro de chambre. Celui-ci s'exécute sans cependant trop y croire, se disant que c'est trop beau pour être vrai.

À 23 h 15, Boulanger regarde la télévision dans sa chambre lorsqu'on frappe à la porte. Le cœur battant, il ouvre celle-ci. La jeune femme a tenu promesse et se tient devant lui. «Entre», balbutie Boulanger, encore incrédule. La conversation s'engage autour d'un verre lorsque le téléphone sonne. C'est son patron qui l'appelle. Lorsque Boulanger lui dit que la jeune femme a tenu promesse et se trouve dans sa chambre, il est stupéfait. Mais il l'est encore davantage lorsque le pilote lui annonce le nom de sa mystérieuse invitée. «Raymond! Est-ce que tu sais qui elle est? C'est une ancienne Miss Colombie, l'une des plus belles femmes que le pays ait connues», lui dit son patron.

Boulanger raccroche, fier comme un paon. La conversation dure depuis une demi-heure lorsqu'on frappe de nouveau à sa porte. C'est le patron de Boulanger et un ami qui ont décidé de s'inviter à la fête. Ils resteront jusqu'à quatre heures du matin. La soirée de Boulanger ne se terminera donc pas comme il l'aurait souhaité, mais il rattrapera le temps perdu par la suite. Il vivra avec la jeune femme une relation passionnée de plusieurs mois, celle-ci allant même jusqu'à l'attendre au bout de la piste à chacun de ses atterrissages. Mais, un après-midi de novembre 1992, elle l'attendra en vain et ne le reverra plus jamais.

Chapitre 7
Une minutieuse préparation

Au printemps 1992, Boulanger travaille dans son logement de Bruxelles lorsque, entre deux envois de télécopies, il reçoit l'appel d'un ami. La mafia italienne de Montréal prépare un gros coup avec le cartel de Cali et veut importer une importante quantité de cocaïne au Canada. Les mafiosi souhaitent que Boulanger prépare l'opération et pilote l'appareil pour éviter des désastres comme ceux des dernières années.

Trois ans plus tôt, la police avait arrêté trois Colombiens qui venaient de poser un bimoteur Aéro-Commander transportant 500 kilos de cocaïne sur la piste de Saint-Robert, près de Sorel. L'appareil avait été suivi par la DEA américaine et la saisie avait fait grand bruit à l'époque. Les trois narcotrafiquants, qui étaient défendus par le criminaliste Sidney Leithman, avaient été condamnés à de très lourdes peines et la police croit que c'est la raison pour laquelle l'avocat a été criblé de balles à bord de sa Saab turbo à Ville Mont-Royal, en mai 1991. Quelques semaines après l'échec de Sorel, un autre équipage du cartel de Medellin de Pablo Escobar avait été capturé après avoir posé un avion contenant 500 kilos de cocaïne à Fredericton, au Nouveau-Brunswick. Ces deux importations ratées avaient représenté des millions de dollars en pertes pour le cartel et le crime organisé montréalais.

« Tous les vols qu'ils ont essayé de faire directement au Canada, ils les ont tous ratés. Les gars ne savaient pas comment se rendre ici avec les avions et les moteurs qu'ils avaient. Ils montaient tout le long de la côte américaine, mais, à l'intérieur des 200 milles, tu as automatiquement la DEA sur le dos. Ils se sont tous fait suivre et fait prendre : Sorel, le Nouveau-Brunswick et même Clova en septembre 1996. L'avion de Clova avait été suivi par un appareil des Douanes américaines et un autre des Forces armées canadiennes. Les narcotrafiquants avaient un Cessna Grand Caravane et avaient fait 18 heures de vol ! Monter ça à partir de la Colombie avec un seul moteur à hélices, c'est de la folie. Il faut que tu restes en dehors de la zone américaine et de la zone des radars », dit Boulanger.

Au téléphone, l'ami du pilote lui explique qu'il y a eu des rencontres entre des narcotrafiquants colombiens et des mafiosi à Montréal, qu'ils veulent effectuer un vol direct entre la Colombie et le Canada, qu'ils ont trouvé un pilote mais que ce dernier s'est désisté. Ils ont pensé à Boulanger pour relancer le projet.

L'interlocuteur refile au pilote rimouskois le numéro de téléphone d'un Italien de Montréal. Boulanger appelle ce dernier et prend l'avion en direction de la métropole vers la fin du mois de juin. Les deux hommes se rencontrent à deux reprises, notamment dans un café italien des secteurs Viau et Jarry, dans Saint-Léonard. « C'était la première fois que je faisais affaire directement avec la mafia italienne. Et la dernière fois », dit aujourd'hui Boulanger.

L'Italien lui explique que des discussions ont été entamées avec les Colombiens, qu'ils ont trouvé une piste dans le nord du Québec et que leur plan n'est pas d'atteindre le Québec en arrivant par les Maritimes, mais de contourner les radars des autorités en passant par l'Arctique pour ensuite revenir vers le sud et atterrir dans la région de La Sarre, dans le nord de l'Abitibi. « Je lui ai dit : *Vous êtes malades ! Vous allez partir de la Colombie et passer par l'Arctique ? C'est de la folie* », les prévient Boulanger, qui accepte tout de même de faire du repérage sur la piste suggérée par les mafiosi.

Il loue un Cessna et amène avec lui deux des Italiens impliqués dans l'affaire. Le trio prend la direction d'une piste située à environ 150 km au nord-est de La Sarre. « C'était une ancienne piste du ministère des Terres et Forêts tellement abandonnée que les arbres hauts de cinq pieds avaient commencé à repousser au travers. Je leur ai dit : *C'est complètement ridicule votre idée de rentrer par le nord, oubliez ça. Je vais vous montrer où cela va se faire.* »

Boulanger met le cap vers l'ouest, en direction de la Haute-Mauricie. Après deux heures de vol au-dessus de la cime des arbres qui s'étendent à perte de vue, une longue traînée d'asphalte apparaît soudain, telle une cicatrice dans la forêt boréale. Boulanger connaît bien cette piste abandonnée mais encore très praticable de Casey, un petit village d'une dizaine de résidences et d'une vingtaine d'habitants. Lui et ses collègues de la compagnie ConifAir l'ont utilisée plusieurs fois lorsqu'ils combattaient la tordeuse d'épinette. La piste de Casey, longue d'environ 6000 pieds (1828 m), a été aménagée par l'armée durant la Seconde Guerre mondiale. Le 9 juillet 1973, un Lockheed Super Constellation servant à l'épandage d'insecticide s'y est écrasé, tuant les trois membres d'équipage, tous des Américains.

Boulanger atterrit et immobilise son Cessna au bout de la piste. Il donne alors des instructions très précises aux Italiens. « Je leur ai dit : *C'est exactement ici que vous allez garer vos véhicules. Pas là-bas, le "X" est ici. Lorsque je vais atterrir, je veux voir les camions ici et pas ailleurs, sinon je repars* », leur dit-il. Le plan est fixé. Il ne reste plus qu'à le préparer et à le tester.

En juillet, Boulanger prend la direction de Cali. Le cartel et la mafia montréalaise ont de grandes ambitions mais ils doivent auparavant vérifier leur route avec une première importation de cocaïne dont la quantité sera moins importante. Ils conviennent d'effectuer un premier vol de 500 kilos le mois suivant.

Pour ce premier vol test, Boulanger fait l'essai de quelques appareils et en choisit un qu'il avait acheté à l'encan de Miami, un biturbopropulseur à hélices King Air 200. Les narcotrafiquants retirent la vingtaine de sièges pour faire de la place à la cocaïne et aux barils d'essence qui permettront de faire le plein en vol. L'appareil décolle ensuite pour le désert de La Guajira, où la cocaïne est chargée. Vers la mi-août, tout est prêt pour ce premier essai.

Comme le veut la tradition, même les autorités colombiennes ont reçu leur part. En effet, Boulanger ne compte plus le nombre de fois où, durant sa carrière de pilote pour les cartels, il a vu ses patrons soudoyer des officiers de l'armée et des policiers le saluer de la main lorsqu'il sortait des hangars avec son avion bourré de cocaïne. Tous les samedis, durant des années jusqu'à son arrestation en 1992, lui-même versera 5000 $ à un contact de l'ambassade américaine, à Bogota, qui lui donnera la liste et l'horaire de tous les vols de surveillance dans 10 zones réparties entre la côte mexicaine, le Costa Rica, le Honduras et la Colombie. Boulanger saura tout sur chacun des vols effectués par les autorités : le type d'avion utilisé, son point et son heure de départ, dans quelle zone il se dirigera, son heure d'arrivée, le type de manœuvre effectuée, zigzag ou quadrillage, etc.

Ce premier vol test ne fera pas exception à la règle de la corruption.

Quelques jours auparavant, son patron du cartel a remis une enveloppe contenant 250 000 $ US à un colonel dans un hôtel de Santa Marta pour s'assurer que les radars resteront fermés lorsque l'avion décollera. Un autre montant tout aussi rondelet a été versé aux responsables de la tour de contrôle de Barranquilla, une grande ville du nord de la Colombie où se trouve une importante base navale. Leurs âmes ainsi vendues, les contrôleurs feront comme si l'appareil était toujours à terre alors qu'en réalité, il aura commencé son périple vers le Canada. Le total de la facture est partagé entre les responsables de cinq groupes de narcotrafiquants, le même consortium qui sera derrière le fameux vol de Casey.

«Quand tu montes des opérations comme celle-là, il faut que tu en soudoies du monde : les responsables de la tour de contrôle à Bogota, des bases aériennes et de la tour de contrôle de Barranquilla, ceux qui surveillent le trajet par lequel la cocaïne est transportée au sol, la police qui est de faction à la barrière du hangar où la drogue et l'essence sont entreposées, etc. La logistique est énorme.

«Avant de décoller avec un avion plein de drogue en Colombie, tu dois te garer là où sont les policiers pour qu'ils vérifient l'avion. Je me souviens qu'une fois, ils ont fait semblant de fouiller l'appareil avec un chien renifleur sans rien trouver alors qu'il y avait de la drogue partout. Les policiers doivent être payés, sinon ils te font du trouble. J'ai vu ça maintes et maintes fois», décrit le pilote.

Revenons au vol qu'il s'apprête à effectuer. Le King Air est muni d'une seule porte à l'arrière si bien que le pilote et son copilote doivent entrer les premiers dans l'avion et deviennent littéralement prisonniers du cockpit lorsque les trafiquants déposent ensuite la vingtaine de réservoirs d'essence et les ballots de cocaïne. C'est à coups de hache que Boulanger devra défoncer la vitre pour s'extirper de la cabine si jamais il est contraint de se poser d'urgence. Un troisième membre d'équipage, un sexagénaire employé des cartels, est posté à l'arrière pour effectuer le plein en vol, en siphonnant un à un les barils d'essence par une tuyauterie de fortune.

Enfin, tout est prêt pour le décollage du premier vol de cocaïne de Boulanger à destination de sa terre natale. L'appareil décolle vers 21 heures d'une piste clandestine de La Guajira et vole allègrement vers le Canada à 20 000 pieds (6096 m) d'altitude lorsqu'un imprévu survient au-dessus de Saint-Domingue, capitale de la République dominicaine.

«J'ai entendu crier en arrière. C'était le vieux bonhomme qui faisait le plein qui disait qu'il était incapable de siphonner les bidons. Je lui ai dit : *Comment ça ? Tu n'es pas capable de siphonner les cr… de bidons ? C'est pourtant simple, un siphon, c'est un siphon ! Il n'y a rien de mécanique là-dedans !* J'étais en colère car je ne pouvais plus poursuivre le vol. J'ai appelé à Cali avec la radio et je leur ai dit qu'on était obligé de revenir car on ne pouvait pas transférer le *fuel*», dit le pilote qui effectue en effet un virage à 180 degrés.

«Lorsque je suis arrivé au-dessus de la péninsule vers 1 heure, je ne voyais rien, c'était noir comme le poêle. Je n'avais pas de référence horizontale et c'était couvert. Je n'avais pas le dôme du ciel avec les étoiles pour me guider un peu et me donner une idée de l'horizon. Je me suis dit : *Jésus ! C'est noir en tab… !*»

Boulanger prévient les narcotrafiquants par radio qu'il arrive et leur demande de se préparer. Ceux-ci donnent aussitôt l'ordre à leurs hommes d'illuminer la piste avec les lampes à l'huile. Les feux qui s'allument en cascade tracent peu à peu la rampe d'atterrissage sur laquelle le pilote s'enligne. Mais un autre problème surgit : les paysans ont déposé leurs brûlots beaucoup trop près de la falaise.

«Des vents d'environ 40 nœuds soufflaient. Lorsqu'ils ont allumé les *flarepots*, je voyais les rafales balayer le sable sur la piste. Je me suis tout de même guidé sur les lumières mais lorsqu'on s'est approché, on s'est fait prendre dans une rafale et l'avion a été tiré vers le bas. Tout ce que je voyais, c'était la falaise devant moi. »

Dans un geste désespéré, Boulanger met pleins gaz et tire sur le manche de toutes ses forces. Le King Air s'élève aussitôt. Ses roues frôlent la corniche de la falaise mais l'appareil passe de justesse. Le pilote reprend de l'altitude en même temps que ses esprits. Il enclenche le pilotage automatique, alors que son cœur bat à 200 à l'heure. Rarement, Boulanger, qui a pourtant traversé plusieurs dangers dans sa carrière, a-t-il autant cru sa dernière heure venue. Une fois ses moyens retrouvés, il rappelle les narcotrafiquants et les enguirlande en demandant que les lampes à l'huile soient éloignées de la falaise.

«Je les ai engueulés en espagnol et ils ont compris. Ils ont déplacé les *flarepots* de 400 pieds. Je voyais encore le sable balayé par le vent, mais là, au moins, j'ai pu approcher plus haut. J'ai piqué sur les premières lumières et lorsque j'ai touché le sol, j'ai mis les moteurs à la renverse. On s'est immobilisé. Ils ont éteint toutes les lumières et tout de suite commencé à sortir le *stock* de l'avion. Je suis sorti en trombe. J'étais fou de rage et je cherchais le vieux bonhomme. On aurait pu se tuer à cause de son incompétence. Mais ils l'avaient déjà sorti et mis dans une Jeep. Il était déjà parti et c'était mieux pour lui», raconte Boulanger.

Le pilote québécois avait doublement raison de se plaindre de son éphémère adjoint. Juste avant qu'il atterrisse en catastrophe sur la péninsule de La Guajira, il avait demandé à son copilote d'approcher les tuyaux servant à siphonner les barils d'essence. Il avait sorti son indispensable couteau suisse, percé un tuyau et constaté que le système fonctionnait parfaitement. Selon Boulanger, les patrons du sexagénaire ne lui auraient pas dit que l'appareil partait vers le Canada. L'homme aurait paniqué et ainsi trouvé un moyen de saboter un court séjour non désiré dans la forêt québécoise. Pour décolérer, Boulanger passe la nuit à s'éclater dans un bar de Barranquilla. L'alcool contribue à lui faire retrouver une partie de son sourire. Un sac contenant 50 000 $ offerts par son patron fait le reste.

Cet échec ne décourage pas les cinq commanditaires colombiens qui entendent bien effectuer une autre tentative dans les jours suivants. En attendant, Boulanger retourne à 25 000 pieds (7620 m) d'altitude avec le King Air pour s'assurer que le système de ravitaillement d'essence en plein vol fonctionne correctement. Pour la deuxième fois en quelques jours, le colonel des radars tend la main et reçoit son pourboire de 250 000 $ et son déjeuner sur le bras. Toutes les autres autorités concernées sont soudoyées de nouveau, car, estiment-elles, ce n'est tout de même pas leur faute si le coup a avorté. L'avion, qui avait été maquillé la première fois puis démaquillé, est de nouveau camouflé et de nouvelles lettres d'appel sont peintes sur le fuselage.

Boulanger quitte un hangar de Cali où l'appareil a été chargé de ses 500 kilos de coke, salue les policiers en passant et se rend sur la péninsule de La Guajira. Les bidons d'essence sont encore une fois remplis et un nouvel équipage fait son apparition. Un copilote plus expérimenté est attribué à Boulanger, mais, surtout, un autre pompiste qui, contrairement à son prédécesseur, est un virtuose du siphonnage en plein vol. Le 1er septembre 1992, le King Air s'ébranle.

« J'ai décollé, mon ami ! Cet avion-là fonctionne comme un vrai charme. J'adore les King Air, ce sont les meilleurs avions pour ça, c'est fort, c'est fait solide. J'étais surchargé. Normalement, l'avion décolle à 12 500 livres maximum, mais je pesais 18 000 livres et ça filait comme un charme », se souvient-il.

Boulanger n'a encore jamais effectué ce trajet. Mais il l'a longuement pensé et il est bien ancré dans sa tête. Il sait que les radars de la DEA ne sont pas corruptibles et demeurent toujours à l'affût. Il passe de nouveau au-dessus de la République dominicaine, sans s'arrêter cette fois-ci. Il survole les Bermudes à 22 000 pieds (6705 m) d'altitude, puis l'aéroport international de Hamilton. Il suit le 60e degré de longitude et s'aligne directement sur Yarmouth. Une fois cette ville portuaire de la Nouvelle-Écosse atteinte, il bifurque vers l'ouest, longe la frontière du Nouveau-Brunswick en évitant de survoler le Maine et se dirige vers Casey.

« Tout le temps que je suis resté en altitude, je "scannais" toutes les ondes et je n'entendais rien. Incroyable, personne ne nous avait repérés. Lorsque je suis arrivé au-dessus de Casey, j'ai amorcé ma descente et là je me suis dit : *Voyons. Ça ne se peut pas ! Pas de policiers pour m'accueillir !* », dit-il.

Boulanger touche le sol et roule tranquillement jusqu'au bout de la piste à l'endroit indiqué lors de son vol de repérage avec les deux mafiosi, le mois précédent. La police brille par son absence mais un malabar de la mafia est là, seul, sa camionnette bien placée sur le «X» imaginaire tracé par le pilote québécois.

Pendant que Boulanger ajoute un peu d'essence dans ses réservoirs à l'aide de pompes alimentées par deux génératrices apportées par le mafioso, ce dernier et les deux Colombiens transfèrent la drogue à bord de la camionnette. En moins d'une demi-heure, tout est fini, ni vu ni connu. La camionnette prend la direction des grands centres et le King Air s'envole pour l'aéroport de Bonaventure, une ville que connaît bien Boulanger, pour y faire le plein. L'équipage refait ensuite le chemin inverse vers Cali sans être inquiété. L'opération est un succès total.

En septembre, Boulanger retourne à Montréal pour récupérer de l'argent que la mafia a déposé dans un compte. Il rencontre également son mystérieux commanditaire italien dans un café de Saint-Léonard. Emportés par l'enthousiasme devant la réussite du vol test, les Colombiens planifient un grand coup : 4000 kilos. Évidemment, avec une telle quantité, il faudra une plus grande préparation et un comité d'accueil plus important à Casey.

L'Italien donne donc un autre rendez-vous à Boulanger sur le quai de la station de métro Champ-de-Mars, à l'abri des micros des policiers. Il présente au pilote le responsable de l'équipe qui l'attendra au bout de la piste, un certain Christian Deschênes. Dès le départ, Boulanger sent qu'il n'a aucun atome crochu avec ce nouvel acteur du scénario qui s'écrit.

«Deschênes a commencé à m'expliquer toute son histoire. Je lui ai demandé : *T'es qui, toi ? Je ne veux rien savoir de toi.* J'ai dit à l'Italien de venir ici. Je lui ai dit : *Qu'est-ce que tu fais, toi ? Tu sais où on va, tu sais ce qu'on va faire. Je n'ai pas besoin de ton gars et je n'ai surtout pas besoin de savoir son histoire. Tu sais ce que tu as à faire, tu n'as qu'à mettre l'équipe là. Assure-toi que j'ai un truck là-bas avec 3000 gallons de gaz. Ce n'est pas compliqué, ça !* Je suis resté cinq minutes et je lui ai dit de ne plus me faire rencontrer personne », dit Boulanger.

Durant les deux mois de préparation du vol de 4000 kilos, le pilote fait la navette à quelques reprises entre le Québec et la Colombie. À Cali, il choisit l'avion qu'il pilotera pour effectuer ce grand coup. Ce sera un Convair 580 qui portera le numéro de série d'un appareil identique qui s'était écrasé sur une piste du désert de Nuevo Leone, au Mexique. Un tel avion cargo consomme environ 2000 litres d'essence par heure et dispose d'une autonomie de vol d'environ six heures avec son réservoir régulier. Encore une fois, l'appareil devra transporter des bidons d'essence pour que le plein soit effectué en vol. En revanche, il faudra un camion-citerne de 3500 gallons (13 250 l) sur la piste de Casey pour que Boulanger et son équipe puissent repartir l'esprit tranquille, après la livraison. Le camion-citerne sera vraisemblablement acheté par la mafia car un tel véhicule de couleur rouge sera saisi par les policiers lors de l'arrestation de Deschênes après le vol.

Comme le veut la tradition, il faut également peindre de fausses lettres d'appellation sur l'appareil. Les Convair 580 ne pullulent pas et Boulanger se souvient qu'un tel avion, inutilisable, se trouve depuis quelque temps à Saint-Jean-sur-Richelieu. Il s'agit en fait d'un appareil d'Hydro-Québec en maintenance dans la cour d'une compagnie de son ami Guy Bernier.

Boulanger s'y rend le 12 novembre, une semaine exactement avant le vol. Il fait semblant de s'intéresser à un autre avion et durant un brin de jasette avec son vieux compagnon d'aviation, il mémorise la série de lettres – C-GGWJ – du Convair mis au rancart qui seront reproduites sur l'appareil qui deviendra célèbre dans les jours suivants. Plus tard, devant le juge, il sera mentionné que Boulanger a même pris des photos à l'intérieur et à l'extérieur du Convair d'Hydro-Québec, mais ni le pilote ni Bernier ne s'en souviennent.

Boulanger, qui ne veut pas brûler la même piste deux fois de suite et qui a peut-être, sans le savoir, le sentiment que les choses tourneront mal, jongle avec l'idée de faire atterrir l'appareil à l'aéroport de Bonaventure plutôt qu'à Casey. Il va même jusqu'à repérer l'endroit où des hommes pourraient l'attendre avec leurs véhicules et s'informer sur la façon dont il pourrait atterrir en pleine nuit. Mais le mystérieux Italien du café de Saint-Léonard demeure sur ses positions : il a décidé que c'était Casey, ce sera Casey.

Pendant ce temps, l'automne s'enfonce. Mais Christian Deschênes et ses acolytes, qui faisaient régulièrement la navette entre un motel de La Tuque où ils s'étaient établis et la piste de Casey, reportent constamment le vol, car, dit Boulanger, ils jugent que les chasseurs sont encore trop nombreux autour des anciennes installations de l'armée. En Colombie, les commanditaires, que la présence prolongée de quatre tonnes de cocaïne dans un entrepôt rend nerveux, s'impatientent de plus en plus.

« Nous autres, nous étions prêts. Nous étions rendus au mois de novembre et il commençait à être tard dans la saison. J'ai dit aux gars à Cali : *Écoutez, si cela ne se fait pas tout de suite, vous êtes mieux de vous organiser avec les Italiens à Montréal parce qu'en ce qui me concerne, c'est fini. Je ne monte pas là l'hiver et ça va aller à l'année prochaine. La mi-novembre, pour moi c'est la date limite.* »

Le pilote ne pensera pas si bien dire. Les patrons des narcotrafiquants et de la mafia, qui en ont assez d'attendre eux aussi et qui reçoivent de leurs éclaireurs l'information que les chasseurs ont été à leur tour chassés par le froid à Casey, donnent enfin le feu vert à l'opération.

Le soir du 17 novembre 1992, vers 22 h 30, les deux moteurs à hélices du Convair vrombissent dans le désert de La

Guajira. Boulanger regarde devant lui la piste qui se perd à l'horizon. Avant même qu'il ait décollé, l'opération est compromise car les autorités ont déjà éventé son périlleux projet.

Chapitre 8
La chance tourne

Lorsqu'il met en marche, l'un après l'autre, les deux moteurs du Convair 580, Boulanger se trouve aux commandes d'une véritable bombe volante qu'une simple étincelle pourrait faire sauter. Outre les quelque 4000 kilos de cocaïne empaquetés dans 152 ballots, il transporte en effet 45 barils d'essence de 45 gallons (170 l) chacun qui permettront à l'équipage d'effectuer le plein en vol et d'atteindre sa destination, à environ 3000 milles nautiques au nord.

Il est également accompagné de trois Colombiens : son copilote Juan Carlos Montes-Restrepo et deux assistants, Jose Gonzales, un électricien et Jorge Enrique Rojas, un ancien mécanicien de l'armée, qui s'occuperont de réparer les bris, d'effectuer le plein durant le voyage et de décharger la drogue une fois l'avion arrivé à bon port.

C'est la première fois que le pilote rencontre ses trois complices. Ceux-ci ne travaillent pas pour le cartel de Cali. Ce sont des employés de la compagnie Avesca où l'avion a été loué. Cette compagnie appartient à la famille Herrera-Lizcano, une pionnière de l'industrie de l'aviation en Colombie. Les Herrera-Lizcano possèdent plusieurs entreprises et jouent un rôle crucial dans les opérations des cartels, en particulier celui de Cali, en leur louant fréquemment des appareils en plus de tremper eux-mêmes dans l'exportation de cocaïne. En 1995, l'un des patrons d'Avesca, Luis Carlos Herrera-Lizcano, sera condamné à huit ans de prison à Chicago pour importation de cocaïne. Il bénéficiera d'une peine réduite après avoir collaboré avec la justice américaine.

Lorsqu'il décollera, vers 22 h 30 (heure locale, 23 h 30 au Québec) le soir du 17 novembre, Boulanger ne comprendra pas pourquoi il sera repéré si rapidement par les autorités. Il l'apprendra trois ans plus tard lorsque des enquêteurs de la DEA américaine viendront l'interroger dans sa cellule du pénitencier de Donnacona. Lors de cette rencontre imprévue et non sollicitée, les enquêteurs ont apporté un document portant la mention *Secret Copy* que Boulanger a subtilisé. Le document révélera que des taupes avaient infiltré la compagnie Avesca et prévenu les autorités qu'une importante cargaison de cocaïne devait bientôt décoller du nord de la Colombie. Les autorités savaient à peu près à quel moment et où l'avion devait prendre son envol, mais ignoraient vers quelle destination. Plus tard, un inspecteur de la GRC, Onil Thibault, révélera que la DEA enquêtait depuis trois mois sur une filière colombienne qui préparait une exportation de cocaïne.

En fin de soirée, donc, le Convair décolle sans plan de vol, tous feux éteints, d'une piste parallèle à la mer près de Cabo de la Vela, une petite ville de la péninsule de La Guajira. À l'horizon, des éclairs déchirent le ciel noir, tel un mauvais présage. Boulanger explique avoir choisi cette rampe parce qu'il était en surcharge d'environ 20 000 lb (9000 kg). Normalement, la limite de poids maximale pour un Convair 580 est de 52 000 lb (23 586 kg). Ce soir-là, l'appareil en pesait 70 000 (31 750).

« Il y avait une grande baie faite comme un croissant et l'extrémité de la piste arrivait au bout de cette baie. Il n'y avait pas d'obstacle et je pouvais prendre rapidement le plus de vitesse possible. En quittant la piste, c'était la mer 15 ou 20 pieds plus bas. Cela faisait un coussin d'air aérodynamique. L'avion s'est maintenu là-dessus et cela m'a permis d'accélérer à une vitesse raisonnable pour pouvoir le cabrer en montée», décrit-il.

Boulanger file à 280 nœuds à une altitude d'environ 20 000 pieds (6096 m). Il n'a franchi qu'une quinzaine de milles lorsqu'il entend sur ses équipements de communication par satellite deux petits mots qui seront lourds de conséquences : *Tieni cola* («tu as une queue»), lui annoncent ses patrons colombiens qui suivent l'évolution de l'opération depuis une chambre de l'hôtel Belvedere, à Bogota, et écoutent les ondes de la police.

Pour freiner les importations massives de cocaïne vers les États-Unis, les autorités américaines ont depuis longtemps mis au point un efficace système de surveillance qui repose sur la mise en alerte d'un long chapelet de bases des douanes, de la garde côtière ou de l'armée qui s'égrainent tout le long de la côte est de l'Atlantique, du Panama jusqu'aux eaux territoriales canadiennes. Par la suite, le Commandement de la défense aérospatiale de l'Amérique du Nord (NORAD) avise les autorités canadiennes qui prennent le relais.

Le Convair 580 est d'abord repéré par un avion Orion PC3 des Douanes américaines, communément appelé *slick*, qui avait décollé du Panama peu avant et survolait déjà le secteur. Dans les minutes suivantes, un deuxième appareil, un Falcon 20 de la Garde côtière américaine, s'envole à son tour de Porto Rico pour participer à la poursuite. Selon un article de *La Presse* de l'époque, les Américains auraient également fait décoller des appareils de la base de Guantanamo, à Cuba. Une chose est sûre : Boulanger a l'oreille collée sur ses appareils sophistiqués et écoute les ondes des autorités. «*Illegal trafic, probably a drug flight*» (trafic aérien illégal, probablement un vol de drogue), entend le pilote qui décide alors que l'hallali n'avait pas encore sonné.

Lors du premier vol réussi de 500 kilos de cocaïne à Casey, en septembre, Boulanger avait survolé la République dominicaine et suivi le 60ᵉ degré de longitude jusqu'au Nouveau-Brunswick avant de bifurquer vers l'ouest. Il choisit cette fois-ci de voler plus à l'est pour échapper à ses poursuivants. Il s'enligne sur les Bermudes, avec la ferme intention de suivre le 58ᵉ degré de longitude.

Quelques heures après le décollage, le pilote mercenaire se trouve dans le secteur des Bermudes lorsqu'il s'entretient pour la dernière fois sur son téléphone satellite avec les patrons colombiens de l'opération. Ces derniers sont en lien direct avec les mafiosi à Montréal. « Ils me disaient : *Sois tranquille, Raymond, nous avons les Italiens sur l'autre téléphone. Les gars sont là-bas, ils t'attendent.* » Après cet ultime appel, un ordre de silence radio total est donné pour réduire les chances d'être repéré. Rassuré, Boulanger peut souffler un peu.

Mais le répit sera de courte durée. À environ 400 milles (644 km) au nord-est des Bermudes, un inquiétant obstacle se dresse soudainement : une forte tempête qu'il n'a pas vue venir en raison d'une panne de radar survenue après le décollage. « On a commencé à détecter le changement de température. C'était une tempête de vent et de glace arrivant du nord-ouest », dit Boulanger. L'avion est aussitôt fouetté par des rafales de face qui soufflent à 150 nœuds. Boulanger s'agrippe solidement au manche et crie quelques instructions en espagnol. Les essuie-glaces balaient péniblement l'eau qui gèle et s'accumule sur le pare-brise. Le copilote Juan Carlos avale sa salive en fixant les nuages menaçants pendant que les deux assistants tentent de conserver leur calme, attachés à leur banquette. Durant plus d'une heure, le Convair tangue, malmené par les vents violents et secoué par les turbulences. Soudain, les rafales diminuent et les nuages se dissipent. Les premières lueurs du jour et l'horizon apparaissent, mais, avec elles, un autre danger.

Si à un certain moment, les autorités, qui suivent l'avion sur leurs radars, ont d'abord cru qu'il se dirigeait vers le Massachusetts, il est maintenant clair qu'il file vers le Canada. Ce dernier interdit aux Américains de survoler son territoire pour continuer la poursuite. Au plus fort de la tempête, Boulanger a entendu sur ses balayeurs d'ondes que deux chasseurs F-18 rattachés normalement à la base de Bagotville, au Québec, mais cantonnés au Labrador, ont décollé de Goose Bay pour l'intercepter. Le Convair se trouve alors à environ 400 milles (644 km) des côtes de la Nouvelle-Écosse et se dirige droit vers la ville portuaire de Yarmouth. Il est environ 5 heures du matin.

Boulanger entend sur les ondes les pilotes des F-18 rapporter qu'ils l'ont intercepté et qu'ils le suivent sur leur radar. Il aperçoit les deux appareils à environ deux kilomètres derrière lui, un peu à sa gauche, à la position de 7 heures sur un cadran. Selon le pilote, les deux chasseurs ont filé vers le Convair à une vitesse de Mach 1,8, si bien qu'ils ont épuisé une bonne partie de leur carburant. D'ailleurs, peu de temps après, un des chasseurs abandonne la poursuite pour refaire le plein à Fredericton.

Le pilote de l'autre chasseur tente alors le tout pour le tout. « Le F-18 s'est approché et s'est mis à tourner autour de l'avion. Il a fait tanguer ses ailes, un geste qui, dans l'aviation, signifie qu'il me demande d'atterrir. Enfin, il s'est mis au bout de mon aile. J'ai vu le pilote dans le cockpit. Il m'a fait un signe avec le pouce vers le bas, pour que j'atterrisse. Je lui ai répondu en lui faisant des *bye-bye* », décrit le Rimouskois qui décide de contre-attaquer à son tour.

Son Convair vole à une vitesse de 350 milles (563 km) à l'heure. Boulanger sait que s'il diminue d'altitude et que la densité de l'air est plus forte, le F-18 brûlera encore plus de carburant et devra à son tour abandonner la lutte. Il accroît donc encore sa vitesse et plonge vers le bas. Au début, le chasseur suit la cadence, mais, à 8000 pieds (2438 m), il est contraint lui aussi de cesser la poursuite pour se ravitailler en essence. Boulanger a le champ libre. Il peut souffler de nouveau.

Débarrassé de ses poursuivants, le Convair atteint Yarmouth puis bifurque vers l'ouest. Il gagne le Nouveau-Brunswick et vole à seulement 200 pieds (60 m) au-dessus de la cime des arbres des forêts pour échapper aux radars. Le pilote longe la frontière avec le Maine tout en évitant le ciel américain, soulevant les réprobations de son copilote Montes-Restrepo, très inquiet depuis l'épisode des deux chasseurs. «Le copilote regardait le GPS et m'indiquait que Casey était par là. Il voulait prendre le chemin le plus rapide et couper par le Maine, mais je lui ai dit de s'asseoir et de se la fermer», raconte Boulanger, qui ne voulait surtout pas survoler l'espace aérien des États-Unis pour ne pas risquer de subir les foudres de leur justice.

Une fois passée la ville d'Edmundston, Boulanger coupe résolument vers la Haute-Mauricie. Il survole Rivière-du-Loup, entre dans l'embouchure du Saguenay, reste bien blotti entre les montagnes et aperçoit enfin la piste de Casey qui se détache, toute blanche dans la sombre forêt. Il est environ 9 h 30. L'odyssée a duré près de 10 heures, environ deux de plus que prévu.

Boulanger pose le Convair sans encombre sur la piste principale de l'ancienne base militaire, roule tranquillement jusqu'au milieu de la chaussée et immobilise l'appareil en bordure de celle-ci, près de la route, comme convenu. Les Colombiens poussent la porte de l'appareil et hument l'air frais avec soulagement et satisfaction, celle du devoir accompli, tels des soldats qui ont bravé maints dangers et réussi leur mission.

Mais, une fois dissipée, l'excitation laisse place à un silence inquiétant. Les hommes de main de la mafia qui se trouvaient sur les lieux – du moins selon les dernières conversations radio avec les responsables colombiens – ne sont pas au rendez-vous. Les camionnettes devant servir à transporter la drogue, mais surtout le camion-citerne avec lequel le plein doit être effectué, brillent par leur absence. Rien. Que quelques traces de pas et de pneus dans la neige et le bruissement de la brise qui souffle légèrement entre les épinettes.

Mais à quelques kilomètres de là, le mécanicien René Vandal de la forestière Stone Consolidated, devenue aujourd'hui Abitibi-

Bowater, n'a rien manqué de l'atterrissage spectaculaire du Convair. « C'est rare un avion de cette grosseur-là dans la région. Il volait au-dessus des arbres », témoignera-t-il plus tard. Curieux, M. Vandal se rend sur la piste et rejoint les quatre hommes dont la situation n'est guère reluisante. Il reste en effet dans le Convair assez d'essence pour voler durant moins d'une demi-heure, ce qui est nettement insuffisant pour atteindre l'aéroport le plus proche et refaire le plein. Le mécanicien offre à Boulanger et ses Colombiens de les amener au magasin général de Ti-Jean Hudon, à Casey, à environ huit kilomètres. Le quatuor accepte et offre 80 $ en billets américains au bon samaritain. Casey ne compte qu'une vingtaine d'âmes et encore moins de bâtiments. Le magasin général se dresse au milieu du village. Le pilote fait croire au marchand qu'il a eu un problème mécanique et demande la permission d'utiliser le téléphone. Avec l'aide de la téléphoniste pour éviter les frais interurbains, Boulanger appelle les Italiens de Montréal qui ne répondent pas.

Le pilote et son équipage retournent auprès du Convair et, après une autre période d'attente infructueuse, se présentent une seconde fois au magasin général. Boulanger tente encore de joindre les représentants de la mafia, sans plus de succès. « J'ai commencé à me dire qu'il y avait vraiment un problème. Ça ne marchait plus. J'ai appelé une compagnie du secteur pour avoir un avion-taxi. J'ai fait croire que j'effectuais un vol de livraison avec un avion de l'Ontario, qu'il y avait eu un problème avec une turbine, que j'avais dû atterrir à Casey, que je voulais descendre à Montréal et revenir avec un mécanicien », raconte Boulanger.

Mais les intentions réelles de Boulanger sont tout autres. Pour la première fois, il avoue que lorsque l'avion de secours se serait posé, il se serait caché pendant que les trois Colombiens auraient séquestré le pilote et l'auraient enfermé dans le Convair. Boulanger avait demandé à ce que l'avion-taxi soit expressément un Piper Aztec, un bimoteur de six places, et c'était pour une raison bien précise : cet avion lui aurait permis de repartir avec tout son équipage et même d'apporter quelques ballots avec lui. Mais l'Aztec ne viendra jamais.

Au téléphone, l'interlocuteur de Boulanger est Yvon Pelletier, chef aux opérations de la défunte compagnie RBGM de La Tuque et gérant de l'aéroport local. L'homme au drôle d'accent qui lui parle insiste pour avoir un avion-taxi plutôt qu'un mécanicien, car, aurait-il dit, il transporte des personnes importantes qui doivent absolument se rendre à Montréal. Yvon Pelletier est suspicieux : l'individu lui dit qu'il paiera en argent comptant les 1200 $ que cela coûtera et il entend parler en espagnol en sourdine. « L'homme n'a pas donné son nom et on aurait dit qu'il avait changé sa voix. Avec ce que la GRC nous avait dit, j'ai eu des doutes », dit M. Pelletier, selon qui la police fédérale avait déjà avisé les responsables de tous les aéroports de la région qu'un avion transportant de la cocaïne pouvait s'être posé sur une de leurs pistes.

Mais un autre acteur viendra renforcer les doutes de M. Pelletier. En fin de matinée, le patrouilleur Serge Paquet de la Sûreté du Québec discute avec la répartitrice du poste de La Tuque, Mme Morin, lorsque celle-ci reçoit un message décrivant avec passablement de détails qu'un avion que l'on croit rempli de cocaïne a quitté la Colombie dans la nuit, qu'il a été pris en chasse par l'armée américaine puis par deux chasseurs F-18, que ces derniers ont dû se poser pour faire le plein et que l'appareil en question pourrait avoir atterri au pays de façon illicite.

Incrédule, l'agent Paquet, qui compte à peine quatre ans d'expérience et est lui-même friand d'aviation, se rend à l'aéroport de La Tuque pour aviser les responsables de l'alerte. Il en fait part à M. Pelletier qui s'exclame qu'il sait où se trouve l'avion suspect : à Casey. Le chef des opérations décrit alors le curieux appel qu'il vient de recevoir et explique que n'ayant pas d'Aztec disponible ce matin-là, il a transmis la demande à sa compagnie sœur, Air Roberval. Serge Paquet n'hésite pas une seconde et communique avec le patron d'Air Roberval, M. Painchaud, qui lui annonce que l'appareil est au bout de la piste, prêt à décoller. Le policier ordonne qu'il reste au sol. La trappe est en place.

Mais Boulanger et les Colombiens l'ignorent et, remplis d'espoir, ils retournent à la piste de Casey pour attendre l'avion de secours. Selon des documents judiciaires, ils offrent 100 $ à Jean Hudon pour les conduire à bord de son *pick-up*. Une fois sur place, Boulanger et le propriétaire du magasin sortent du véhicule mais les Colombiens, peu habitués au froid et légèrement vêtus par cette température glaciale, préfèrent demeurer dans la camionnette, bien au chaud.

À midi, heure prévue de l'arrivée de l'Aztec, le groupe a les yeux rivés sur le ciel. Mais plutôt que l'avion de secours, ce sont deux F-18 qui apparaissent soudainement dans un train d'enfer et survolent la piste. Le premier file à bonne hauteur. Mais, une minute plus tard, le second, qui vole beaucoup plus bas, en oblique, passe directement au-dessus du Convair, ce qui fait croire à Boulanger et ses Colombiens que les carottes sont cuites.

« Les quatre hommes semblaient nerveux et auraient voulu être ailleurs. Ils portaient des jeans et n'étaient pas vêtus pour l'hiver. Le premier F-18 est passé sans que les individus en fassent trop de cas. Mais lorsque le second a survolé la piste, les trois hommes qui étaient dans ma camionnette ont paniqué et se sont enfuis avec », a raconté Jean Hudon à un journaliste du quotidien *The Gazette* après les événements.

Il est cependant important ici, 20 ans plus tard, de donner l'heure juste dans cette affaire : ces deux F-18 n'étaient pas ceux qui avaient décollé de Goose Bay et pourchassé le Convair avant d'abandonner la lutte, faute de carburant. Il s'agissait de deux autres chasseurs qui avaient décollé de Bagotville et participaient à un exercice. Les pilotes de ces appareils, qui filaient à plus de 600 milles à l'heure à une centaine de pieds du sol, n'auraient apparemment même pas vu l'avion de Boulanger.

En fait, à la suite de l'interception avortée au large de la Nouvelle-Écosse, NORAD aurait perdu le Convair car au moins un radar aurait été fermé, notamment dans le nord du Québec.

En vertu de la Loi sur l'accès à l'information, nous avons fait une demande à la Défense nationale pour obtenir tout document portant sur l'intervention de F-18 durant l'affaire de Casey. Malheureusement, la Défense nationale a répondu n'avoir rien trouvé et nous a redirigé à Bibliothèque et Archives Canada. Aux archives nationales à Ottawa, les employés n'ont retrouvé sur cette mémorable affaire qu'un résumé de cinq pages enfoui au fond d'une boîte empoussiérée qui reposait sur une tablette. Ce que l'on apprend de plus dans ce document de la Défense nationale classé confidentiel, c'est qu'après que les Américains eurent passé le relais aux Canadiens, «un aéronef des Douanes américaines a atterri pour embarquer (sic) un agent de la GRC afin de lui permettre d'arrêter légalement le Convair si d'autres forces policières n'étaient pas disponibles». Procédure normale ou preuve que les autorités fonctionnaient à tâtons? On l'ignore. Quoi qu'il en soit, le passage impromptu de ces deux F-18 en rase-mottes au-dessus de la piste de Casey ajoute un autre chapitre à cet amalgame de circonstances particulières qui ont voué l'audacieux projet des cartels et de la mafia à l'échec.

Jean Hudon pique alors une sainte colère à Boulanger, qui lui aurait tenu certains propos intrigants. «Il m'a dit qu'il était un pilote d'expérience, qu'il était déjà venu sur les lieux et qu'il faisait du transport en Ontario et ailleurs au Canada», dira Jean Hudon au juge Claude Pinard lors de l'enquête sur cautionnement des trois coaccusés du pilote, le 4 décembre 1992. «Il a dit: *C'est ben d'valeur, mais les Colombiens sont finis et n'iront pas loin. Tiens, je vais être ben franc avec toi, il y a 3000 kilos de cocaïne là-dedans. J'ai apporté une cargaison de cocaïne pour la Sûreté du Québec*», ajoutera le marchand général.

Vingt ans plus tard, Boulanger nie vigoureusement avoir tenu ces propos. Toutes les rumeurs voulant qu'il ait été un indicateur pour la police sont d'ailleurs rejetées ou qualifiées de «légendes» encore aujourd'hui par plusieurs policiers et son ancien avocat, Me Gilbert Frigon.

Excédé donc, Jean Hudon prend, à pied, la direction de la route alors que Boulanger reste seul à contempler le gros avion blanc, incrédule et impuissant devant la tournure des événements. «Je regardais ça et j'en revenais pas. Je me disais: *J'ai quatre tonnes de cocaïne dans l'avion et pas un maudit chat qui est là!* J'étais là, planté tout seul, à 300 kilomètres dans le bois, dans le nord du Québec, en face d'un avion rempli de coke et je ne pouvais rien faire», dit le pilote.

Après quelques minutes de flottement, Boulanger sort de sa torpeur. Il a deux millions de pesos colombiens sur lui, l'équivalent de deux ou trois mille dollars canadiens. Il dit les avoir déposés dans un sac et cachés près de la piste. L'argent serait toujours là où il a été enfoui il y a plus de 20 ans.

Contrairement à ce qui a déjà été écrit, Boulanger et les Colombiens n'ont jamais tenté de camoufler l'énorme et voyant Convair, car la tâche était impossible à réaliser pour quatre hommes, dans des délais raisonnables.

Résigné, Boulanger retourne sur la route et entreprend de marcher vers Casey. Soudain, un bruit de moteur se rapproche derrière lui. C'est une camionnette de la Stone Consolidated conduite par l'opérateur de débusqueuse André Lafrenière qui s'approche et s'immobilise.

– Bonjour. Allez-vous vers Casey? Combien ça me coûterait pour aller à Montréal?

– Embarque. Es-tu avec l'avion?

– Oui, c'est moi le pilote…

*

René Pelletier, un colosse de six pieds deux pouces (1 m 82) et pesant plus de 200 lb (91 kg), a 45 ans en novembre 1992, le même âge que Boulanger. Comme il le fait tous les matins, le sergent de la Section de la lutte antidrogue de la Gendarmerie royale du Canada (GRC) de Québec se présente un peu avant 9 heures à son bureau de la rue Ernest-Gagnon. Sauf qu'il y règne un branle-bas de combat inhabituel en ce matin du mercredi 18 novembre. Plus tôt, les autorités américaines ont avisé leurs confrères canadiens qu'un avion vraisemblablement bourré de cocaïne avait quitté la Colombie à destination du Canada. Les policiers savent que l'avion a été pourchassé par deux F-18 au large des Maritimes aux petites heures du matin et que ceux-ci ont dû abandonner la poursuite pour refaire le plein. Ils ne savent pas où l'avion suspect s'est rendu par la suite. Par contre, ils possèdent un renseignement crucial, soit les lettres d'appellation de l'appareil, et une autre information, erronée celle-là : on leur a dit en effet que l'avion est un Cessna.

Il existe à l'époque, comme aujourd'hui d'ailleurs, un plan d'urgence en telles situations. Toutes les pistes où un éventuel avion suspect pourrait atterrir sont déjà répertoriées. En tel cas, les enquêteurs de la GRC de Québec doivent rapidement se rendre à la base de Valcartier où les sept hélicoptères Kiowa de l'escadron 430 les attendront, hélices tournantes. Ils se déploieront ensuite vers les différentes pistes, par équipes de deux policiers.

Aussitôt l'alerte donnée, le bureau de lutte antidrogue de la GRC de Québec se vide en un clin d'œil et les enquêteurs se ruent à la base de Valcartier où les pilotes du lieutenant-colonel Jean-Marc Hivon les attendent, prêts à décoller. Exceptionnellement ce matin-là, ils seront secondés par deux autres appareils de l'escadron 438 basé à Saint-Hubert.

Tous les enquêteurs de la GRC se sont déjà envolés en direction de différentes pistes lorsque Pelletier et son collègue, le sergent René Rivard, montent à bord de l'hélicoptère numéro 13 piloté par le capitaine John Grech.

« C'est certain qu'un tel avion n'était pas pour se diriger vers un aéroport ou une piste avec une tour de contrôle. On a donc privilégié les pistes clandestines ou non contrôlées », précise René Pelletier. « L'année précédente, j'avais eu une information voulant qu'un vol de cocaïne devait arriver à Casey. Nous avions passé deux semaines sur place dans une roulotte mais la drogue n'est jamais arrivée. C'est pour ça qu'on a décidé d'aller à cet endroit », renchérit René Rivard.

Les trois hommes arrivent en vue de l'ancienne base de Casey peu après midi. Comme l'enquêteur Pelletier le notera méticuleusement dans son calepin, ils survolent d'abord la plus petite piste et ne constatent la présence d'aucun avion ni être humain. Dix minutes plus tard, ils s'attaquent à la plus longue piste au milieu de laquelle une surprise les attend : « Il y avait au bord de la piste un avion blanc beaucoup plus gros que celui qu'on cherchait. Au début, on ne pensait pas que c'était le bon, mais nous avons constaté que c'était bel et bien les bonnes lettres d'appel », poursuit René Pelletier.

Ce dernier demande alors au pilote de prendre de l'altitude et de faire du surplace à l'écart, de crainte que les narcotrafiquants soient cachés et ouvrent le feu en leur direction. Mais après plusieurs minutes, force est de constater qu'il n'y a pas âme qui vive. Les trois hommes remarquent toutefois du haut des airs des traces de pneus sur un chemin de terre, comme si un véhicule avait démarré sur les chapeaux de roues. Ils croient que les suspects sont parvenus à charger la drogue à bord d'une camionnette et à prendre la fuite. Ils suivent les traces qui les mènent finalement à un véhicule de la Stone Consolidated. Ils réalisent qu'ils se sont trompés, reviennent sur leurs pas et atterrissent près du Convair.

Il n'y a toujours aucune activité autour de l'appareil. Ils marchent alors vers celui-ci lorsqu'un bruit de moteur attire leur attention. C'est une niveleuse de la compagnie forestière qui approche. Le chauffeur, Oscar Lesage, immobilise son engin, coupe son moteur, et demande : « Cherchez-vous les gars de l'avion ? Ils sont quatre et ils ont volé le *pick-up* du propriétaire du dépanneur. Ils se sont enfuis en direction du campement de bûcherons, ont perdu le contrôle du véhicule qui est resté pris dans le fossé et ont pris la fuite à pied en direction de la tour. »

Les enquêteurs sont bouche bée. Une course contre la montre s'engage. Leur surprise aussitôt passée, René Pelletier et René Rivard remontent dans l'hélicoptère et s'envolent en suivant le trajet de fuite des suspects tel que décrit par le chauffeur de la niveleuse. Ils repèrent la camionnette embourbée de M. Hudon à une vingtaine de kilomètres et remarquent des traces de pas qui s'éloignent dans un sentier enneigé s'enfonçant dans la forêt. Ils décident de se rendre au campement de la Consol, situé à environ 20 kilomètres de la piste de Casey, pour pouvoir enfin téléphoner à leur patron et lui annoncer qu'ils ont trouvé l'appareil.

Après avoir atterri dans le stationnement, ils croisent le chef de chantier Carol Bélanger qui leur raconte qu'un étranger, qui dit être un agent des douanes et qui serait le pilote de l'avion, vient d'arriver au campement. Autre coup du sort, en effet : Boulanger, qui veut téléphoner, n'a pu le faire au dépanneur de Casey car les Colombiens ont fui avec les clés de M. Hudon et la porte du bureau de ce dernier était verrouillée. Le pilote a ensuite offert 500 $ à l'opérateur de débusqueuse André Lafrenière pour qu'il le conduise à Montréal, mais ce dernier a refusé. Coincé dans les locaux de la Consol, Boulanger est donc au téléphone dans le bureau du chef de chantier Bélanger lorsque le sergent Pelletier apparaît dans le cadre de porte.

– Pardon, il faudrait que je fasse un appel. M. Bélanger m'a donné la permission de m'installer dans son bureau, dit l'enquêteur à l'inconnu.

– Je ne sais pas qui est M. Bélanger, répond ce dernier à René Pelletier, qui croyait que l'homme était un employé de la Consol et qui réalise alors que ce n'est pas le cas.

– Je dois faire un appel d'urgence au sujet de l'avion qui a atterri à Casey, insiste le policier.

– Je suis déjà en discussion avec la Sûreté du Québec au sujet de cet avion, réplique l'homme à la crinière bouclée.

L'enquêteur sent sa pression monter et la vapeur lui sortir par les oreilles.

– Vous êtes qui, vous ? finit-il par lancer, un brin exaspéré.

– Je suis le pilote de l'avion, répond l'autre.

– Raccroche immédiatement, pis ça presse ! Tu es en état d'arrestation, ordonne l'enquêteur d'un ton ferme, en abandonnant le vouvoiement.

Il est 13 heures exactement lorsque Boulanger est arrêté. Le sergent René Rivard lui lit ses droits. En même temps qu'il discute avec ses supérieurs au téléphone, son collègue Pelletier bombarde de questions Boulanger qui indique que l'appareil contient 3700 kilos de cocaïne et qu'il était accompagné de trois Colombiens «qui se sont sauvés dans le bois et ne sont pas habillés pour survivre très longtemps», peut-on lire dans le calepin de l'enquêteur aujourd'hui à la retraite.

«Boulanger était *cool* comme ça n'avait pas d'allure. Il était comme Arsène Lupin, un gentleman trafiquant de drogue. Il était très coopératif et on a agi avec lui comme lui avec nous», se souvient René Pelletier.

Ce dernier remonte à bord de l'hélicoptère et retourne sur la piste de Casey alors que le sergent Rivard réquisitionne une camionnette de la Consol pour se rendre sur les lieux de l'atterrissage, en compagnie de Boulanger. «Durant le trajet qui a duré environ une demi-heure, Boulanger était très calme. Il m'a dit que ce n'était pas la première fois qu'il faisait ça. Il a ajouté : *Quand tu fais ça, tu sais qu'un jour tu vas te faire pincer. Aujourd'hui, je me suis fait pincer*», raconte René Rivard.

Boulanger confirme aujourd'hui qu'au moment de son arrestation, il tentait d'appeler l'enquêteur John Spada de la SQ, qui avait enquêté sur lui dans l'affaire d'importation de haschisch dans une cargaison de crevettes quelques années auparavant, pour lui «donner» le vol de Casey. Mais John Spada était absent du bureau et le pilote lui a laissé un message. Le patron de l'enquêteur au quartier général de Montréal a rappelé peu après au camp de la Consol pour parler au pilote, mais ce dernier et les policiers de la GRC étaient déjà en route pour Casey.

Il est 13 h 15 environ lorsque les policiers atteignent de nouveau le Convair abandonné autour duquel tout est encore très calme. Mais la scène s'anime peu à peu, au fur et à mesure que les hélicoptères transportant les autres enquêteurs du bureau de la GRC à Québec se présentent sur place.

Peu après, un Cessna atterrit sur la piste. C'est l'agent Serge Paquet de la SQ, accompagné du pilote Sylvain Aubin de la compagnie RBGM. Après avoir annulé le décollage de l'avion-taxi, le patrouilleur a reçu l'ordre de son officier supérieur de se rendre immédiatement sur la piste de Casey par n'importe quel moyen pour tenter de repérer l'appareil suspect. Le policier s'est envolé avec le pilote Sylvain Aubin à bord d'un Cessna 185 sur skis en direction de la piste de Casey.

Une fois rendus, ils ont réalisé que l'avion suspect dont on leur avait donné la description était beaucoup plus gros que prévu. «C'est pas un Cessna bimoteur, c'est un Convair. Si cet appareil-là arrive de la Colombie, ça veut dire que ce ne sont pas des enfants de chœur», a dit Sylvain Aubin au jeune policier. Les deux hommes ont alors décidé de survoler l'appareil, de crainte de devenir une cible. Au bout d'un certain temps, Paquet a reçu l'ordre de se poser sur la radio HF qui fonctionnait en hauteur mais pas au sol. «Toi, tu as reçu l'ordre d'atterrir mais pas moi.

Ce n'est pas vrai qu'on va atterrir là alors qu'on ne sait pas s'ils sont armés. On va garder l'appareil à vue et on va atterrir lorsque les renforts vont arriver», raconte Sylvain Aubin.

Après une quarantaine de minutes, des hélicoptères ont fait leur apparition entre les puissants reflets du soleil qui frappaient le pare-brise de leur avion. «C'est la GRC! Peux-tu atterrir rapidement?» a demandé Paquet à Aubin, qui a alors constaté qu'une course s'était amorcée pour qui va saisir l'appareil en premier. C'est dans ces circonstances que le Cessna s'est posé.

Le jeune policier Paquet est certain d'avoir trouvé l'avion le premier et annonce à ses aguerris homologues fédéraux, sidérés, qu'il vient prendre le contrôle de la scène. Les relations sont tendues entre les deux corps de police depuis une affaire d'importation de haschisch trouvé dans des barils flottant au large de la Côte-Nord, survenue l'année précédente. Une discussion animée s'engage alors entre l'agent Paquet et les enquêteurs de la GRC, dont certains sont flexibles mais d'autres pas. «Toi, mon p'tit gars, rembarque dans ton avion et sacre ton camp», lui lance sans ménagement un sergent.

Pendant que policiers de la GRC et de la SQ se lancent dans une joute de souque à la corde verbale qui sera finalement remportée par la police fédérale, Boulanger, qui n'est pas menotté, lorgne avec envie le Cessna qui représente sa seule planche de salut. Mais, encadré par des policiers de plus en plus nombreux, il renonce à ce projet dont les chances de succès auraient été plutôt minces.

La température baisse encore et Boulanger, qui n'est pas vêtu pour ces conditions, monte à bord d'une camionnette de la Stone Consol dont le moteur ronronne pour se réchauffer. Un peu plus tard, il y est rejoint par le tout aussi frigorifié pilote Sylvain Aubin, qui n'est habillé que de sa combinaison de pilote. Mais celle-ci, aux couleurs de l'armée, lui a permis de passer inaperçu à l'intérieur du périmètre. Les deux hommes discutent tranquillement durant une bonne demi-heure.

« Boulanger était très *relax*. On a jasé d'aviation et en blague, je lui ai demandé si c'était payant cette *job*-là pour que j'envoie mon curriculum vitæ! C'est alors qu'il m'a expliqué comment ça fonctionnait. Il m'a dit qu'il était fatigué car cela faisait plus de 24 heures qu'il était debout, et qu'il avait été payé un million de dollars pour ce vol. Il m'a également raconté qu'après l'atterrissage, il a appelé un enquêteur de la Sûreté du Québec qu'il a connu dans le passé pour lui annoncer qu'il venait d'atterrir avec 4000 kilos de cocaïne à Casey. Il m'a dit que l'affaire était arrangée avec la SQ mais il m'a plutôt donné l'impression d'être un "p'tit vite" qui savait qu'il était coincé et qui tentait de s'en sortir », décrit Sylvain Aubin.

Pendant un certain temps, les policiers fédéraux, qui craignent que l'avion soit piégé, hésitent à ouvrir la porte, accessible uniquement avec l'aide d'un escabeau placé sur l'une des ailes et à côté de laquelle a été peint maladroitement un drapeau canadien dont la feuille d'érable ressemble davantage à une feuille de marijuana! Mais, vers 13 h 45, le sergent Rivard court le risque. En compagnie de Boulanger, il ouvre la porte. Le temps que leur vue s'adapte à l'obscurité régnant dans le fuselage de l'appareil, les enquêteurs commencent à réaliser l'ampleur de l'affaire. Les ballots enveloppés dans de la jute apparaissent les uns après les autres jusqu'à ce qu'ils soient incapables de les compter. Ils sont aussi incapables de dénombrer les réservoirs d'où s'échappe une forte odeur qui prend à la gorge. Ils aperçoivent également une mitraillette sur le plancher. Plusieurs cadrans du cockpit ont été fracassés. Les enquêteurs apprennent également la présence dans l'avion de deux grenades qui ne seront toutefois pas découvertes immédiatement par les policiers qui passeront pourtant l'appareil au peigne fin avec des chiens renifleurs. Elles seront trouvées avec stupeur dans les jours suivants par les pilotes civils chargés de déplacer l'appareil vers Québec lorsqu'elles se mettront à rouler près du train d'atterrissage.

Le sergent Rivard se souvient également que lorsque l'avion a été transféré, les portes ne fermaient plus et avaient été attachées avec de la corde. L'un de ses hommes ayant fait le voyage dans l'avion avait déclaré avoir eu la peur de sa vie à la vue des portes qui ballottaient, surtout durant le décollage.

*

Pendant ce temps, une autre course contre la montre est engagée pour retrouver les Colombiens vêtus comme en plein été. En milieu d'après-midi, le sergent Pelletier demande au capitaine Grech de le déposer à l'endroit où la camionnette du propriétaire du dépanneur s'est enlisée. Après la perte de contrôle, les Colombiens ont pris quelques vêtements et des liasses d'argent dans une valise noire qu'ils avaient déposée dans la boîte du *pick-up*.

Des traces de pas sont bien visibles sur un sentier. Bien qu'il ne soit pas très habillé pour se lancer dans une poursuite dans un bois sillonné de ruisseaux, René Pelletier pénètre résolument dans la sombre forêt, son revolver de calibre .38 à la main.

Il remarque que l'on a tenté maladroitement d'effacer des traces dans la neige avec une branche de sapin. Il marche dans le sentier depuis quelques minutes à peine que des cris s'élèvent derrière lui. C'est son collègue Roger Boivin qui le rejoint. Les deux policiers suivent le sentier depuis une quinzaine de minutes lorsque, vers 16 h 30, ils constatent que les traces se perdent entre deux énormes rochers séparés par une anfractuosité pouvant facilement laisser passer et cacher les trois fuyards. La pénombre commence à tomber et le silence est total. Les enquêteurs n'osent pas s'aventurer dans le trou, de crainte d'être assaillis.

«Nous avons crié "police" en français et en anglais, mais rien ne bougeait. On ne savait pas comment dire "police" en espagnol, alors on a hurlé *polizia* et *polizei*», se souvient René Pelletier, en rigolant.

«Ça a commencé à bouger dans le trou. Un à un, les trois Colombiens sont sortis. Ils étaient frigorifiés et ils grelottaient. Il a fait moins 20 degrés cette nuit-là. Ils étaient gelés "ben raide". Ils avaient des grelottements incontrôlables», décrit Pelletier, qui prêtera son écharpe à l'un d'eux.

Les deux enquêteurs parviennent à se faire comprendre par les Colombiens qui ne parlent ni français ni anglais. Ils attachent les trois hommes avec leurs deux paires de menottes et le curieux cortège s'engage sur le chemin du retour, tandis qu'il fait de plus en plus noir. Mais le capitaine Grech les repère du haut des airs dans une clairière et guide leur progression avec le projecteur de son hélicoptère. Les prisonniers sont conduits au campement de la Consol où le chef de chantier appelle l'infirmière de garde. Une ambulance est dépêchée sur les lieux. Grâce à ces bons soins, les trois Colombiens récupéreront sans séquelles, mais l'un d'eux a failli perdre un pied. «On leur a probablement sauvé la vie car une demi-heure après, il faisait noir», dit René Pelletier. Fait à noter, on apprendra plus tard en cour que lorsqu'ils se sont enlisés, les Colombiens se trouvaient à peine à 250 mètres du campement de la Consol.

René Pelletier a travaillé durant 33 ans au sein de la GRC. Il était enquêteur aux stupéfiants depuis six ans le 18 novembre 1992. «Il y a des gens qui vont travailler à la GRC et qui n'arrêteront jamais personne durant toute leur carrière. Arrêter un pilote comme Boulanger et trois Colombiens, et saisir 4000 kilos de coke, ça n'arrive pas à tout le monde», dit l'ancien policier.

« C'est l'un des moments marquants de ma carrière, je n'oublierai jamais ça», ajoute son ex-confrère René Rivard.

«J'ai eu d'autres bons dossiers dans ma carrière, mais une affaire comme celle-là, ça arrive une seule fois dans une vie. Je me considère comme chanceux. C'est un rêve pour tout enquêteur des stupéfiants», conclut René Pelletier.

Mais pour Raymond Boulanger, la chance avait tourné.

Chapitre 9
Un clin d'œil mémorable

Lorsqu'il arrive sous forte escorte policière au camp de la Consol, Boulanger ne peut s'empêcher de gronder ses trois complices colombiens «qui étaient quasiment morts de froid». Il s'adresse sans ménagement au copilote Montes-Restrepo en espagnol. «Imbécile, où tu pensais t'en aller? Tu es dans un pays que tu ne connais pas. Tu es en plein hiver, tu n'as jamais vu ça. Regarde comment tu es habillé. Tu ne connais pas la langue. Tu ne sais pas du tout où tu te trouves sur la planète. Tu n'as pas de papiers dans tes poches», le sermonne-t-il.

En fait, les seuls «papiers» que les trois Colombiens ont sur eux, c'est environ 20 000$ US que les responsables du cartel leur ont versés comme acompte avant le décollage. Dans la caverne où ils ont été retrouvés, ils avaient également caché 10 000$ récupérés un peu plus tard par les enquêteurs du bureau de la GRC à Trois-Rivières, maintenant responsables de la scène de crime et de l'enquête. Lors des procédures qui suivront, un des Colombiens dira qu'il devait recevoir la somme de 50 000$ si le coup réussissait. En fait, Boulanger affirme aujourd'hui que son copilote devait recevoir 75 000$ et les deux autres, 50 000$.

Quant à lui, des montants d'un million, deux millions et demi et, enfin, cinq millions de dollars ont déjà été successivement évoqués dans des articles de presse écrits sur cette affaire qui marquera à jamais les annales de l'histoire criminelle du Québec. Même si l'importation a échoué, le pilote a mené l'appareil à bon port. Aujourd'hui, il confirme avoir été payé cinq millions de dollars par le cartel simplement pour avoir accepté de faire ce vol. Mais il ajoute du même souffle que si le coup avait réussi, il aurait amassé entre 40 et 50 millions de dollars en pourcentage sur les revenus de la vente de la cocaïne sur la rue.

Mais le sort en a décidé autrement. Au campement de la Consol le soir du 18 novembre, Boulanger et les trois Colombiens sont isolés dans des chambres séparées et gardées par des policiers casqués et armés du groupe tactique d'intervention de la GRC. Ils sont ensuite transportés dans des hélicoptères de l'armée vers le bureau de la GRC à Trois-Rivières. «Nous étions dans des hélicos différents, chacun accompagné par un policier. C'était comme le film *Apocalypse Now*. Les lumières étaient allumées sur les hélicoptères. C'était le gros *show*. On a atterri. Les médias étaient là», décrit-il.

Les journalistes ont littéralement envahi le paisible hameau de Casey aussitôt que la rumeur d'une importante et spectaculaire saisie de cocaïne a commencé à circuler. Yves Malo de TQS et son caméraman Jean-Pierre Rancourt ont été parmi les premiers arrivés sur la piste de Casey. «J'étais monté dans l'avion. En voyant l'enchevêtrement de tuyaux servant à siphonner les réservoirs d'essence, je me souviens de m'être dit que ces gars-là étaient fous d'avoir volé à bord d'un avion ainsi bourré d'essence depuis la Colombie. Ça aurait pu sauter n'importe quand. C'était un vrai bric-à-brac mais c'était aussi particulièrement ingénieux. Je me suis demandé : *Est-ce que ça vaut la peine de mourir pour transporter de la cocaïne ?* C'étaient des "pétés" ces gars-là », se remémore Jean-Pierre Rancourt.

Casey, qui n'était qu'un point sur une carte, devient la mire de tout le pays. Déjà, les journaux font état de la saisie du siècle. Dans la localité et les alentours, tout le monde ne parle que de ça. «La paroisse n'est certainement pas assez grande pour consommer toute cette drogue», avait lancé à la blague le propriétaire de l'hôtel Central de Parent, Gaétan Grenier, au journaliste Éric Trottier de *La Presse*. «Quand les journalistes entraient quelque part, les gens nous racontaient tout mais refusaient de se faire filmer. Mais quand les enquêteurs de la police entraient à leur tour, c'était le silence total dans la place», rigole encore Jean-Pierre Rancourt.

«En nous rendant à Casey, je me souviens qu'Yves et moi, nous nous étions arrêtés dans un dépanneur complètement isolé. Nous avions demandé au propriétaire s'il y avait souvent des vols de cocaïne dans le secteur. Il y a une couple de pistes par ici. Ça arrive souvent qu'il y en ait. Mais c'est la première fois qu'ils en pognent un, nous avait-il dit», raconte l'ancien caméraman spécialisé dans les affaires policières.

*

Après un interrogatoire qui a duré une bonne partie de la nuit, Boulanger et ses acolytes sont conduits en cellule. En entrant dans la salle de détention, le pilote remarque un individu qui somnole dans un coin sombre de la pièce. «J'ai lâché trois ou quatre bons sacres en espagnol. J'ai dit aux Colombiens: *C'est à cause de lui qu'on a été arrêté*», dit le pilote.

«Lui», c'est Christian Deschênes, 36 ans, que Boulanger avait rencontré pour la première fois de sa vie durant quelques minutes en compagnie de son contact italien sur le quai de la station de métro Champ-de-Mars, à Montréal, dans les semaines précédant le vol de Casey. Les deux hommes ne s'étaient pas revus depuis. Déjà, leur relation était tendue. L'échec de l'opération n'aidera pas les choses qui s'envenimeront encore davantage en prison.

Deschênes a été arrêté en compagnie d'un électricien laval-lois, Antonio Sforza, vers 21 heures la veille à environ 100 kilomètres de Casey. Visiblement, les deux hommes étaient retournés en catastrophe vers la piste après avoir été mis au courant que l'avion avait finalement atterri. Ils se trouvaient à bord d'une camionnette rouge surmontée d'une boîte en fibre de verre blanche lorsqu'ils se sont heurtés à un barrage de la GRC érigé tout près de la camionnette enlisée du marchand général Jean Hudon. Aux policiers, Deschênes et Sforza auraient fait croire qu'ils travaillaient pour la Stone Consol et qu'ils se rendaient réparer une machine un peu plus loin. Le problème, c'est que le chef de chantier Carol Bélanger se trouvait sur les lieux et a vite dit aux policiers que les deux inconnus n'étaient pas ses employés. Les deux hommes ont été interceptés plus tard sur la route menant à Saint-Michel-des-Saints. Aux enquêteurs, Deschênes a décliné une fausse identité: Denis Lévesque. Dans la camionnette des deux suspects, les policiers ont découvert 16 bidons d'essence, dont une douzaine contenaient du carburant réservé aux avions, et plus de 15 000$ en argent comptant.

Boulanger avait donné comme instruction qu'un camion-citerne de 3500 gallons (13 250 l) d'essence soit acheminé à Casey, car c'était la seule façon de ravitailler le Convair. Il ne sait pas si les bidons que transportait Deschênes avaient été prévus pour faire le plein, mais il évalue qu'ils auraient été nettement insuffisants, même pour se rendre à l'aéroport le plus proche. Il croit plutôt qu'ils devaient servir à brûler l'avion si les choses tournaient mal.

« En cas de problème, le plan n'était pas de ramener l'avion en Colombie, mais de le détruire. Deschênes avait reçu l'ordre d'avoir suffisamment de matériel et d'explosifs pour brûler l'avion après le déchargement de la cargaison. Je leur avais dit : *Si j'ai trop de chaleur, vous déchargez l'avion et moi et mes gars, on embarque dans le camion et on s'en va. Notre job est faite* », décrit Boulanger, selon qui les 15 000$ trouvés sur Deschênes devaient vraisemblablement servir à payer le remplissage des 45 bidons qui se trouvaient à bord du Convair si l'appareil parvenait à se rendre à l'aéroport de Bonaventure. Pourquoi Boulanger n'a-t-il pas incendié l'avion et fait disparaître la preuve, lorsqu'il était seul, avant l'arrivée des policiers ? Il répond qu'il ne lui restait plus assez de carburant pour le faire.

Les pneus de la camionnette que conduisait Deschênes correspondent aux traces d'un véhicule moulées par les enquêteurs dans un campement érigé près de la piste d'atterrissage de Casey, dans la nuit précédant l'atterrissage. Des traces de semelles de bottes identiques à celles que portait Deschênes ont également été prélevées. Sur le campement, les policiers ont aussi identifié les traces de deux autres véhicules, dont un camion qu'ils n'ont toutefois jamais retrouvé et d'autres traces de bottes. Les émissaires de la mafia italienne, probablement au nombre de sept ou huit, ont donc bel et bien été présents près de la piste de Casey le matin du 18 novembre, mais ils auraient quitté les lieux à 7 h 30. C'est en effet à la même heure que l'opérateur de niveleuse Oscar Lesage avait aperçu un convoi de trois véhicules, soit un camion dix roues de marque Ford et deux camionnettes de style *pick-up*, quitter le secteur de la piste et se diriger vers le village de Casey. Des mois plus tard, un codétenu dira à Boulanger que Deschênes, ne voyant pas arriver l'appareil retardé en raison de son changement de trajet, aurait donné l'ordre de partir. Des émissaires auraient suggéré de laisser au moins le camion-citerne rempli d'essence sur place, ce qui n'a pas été fait. Des sources nous ont par ailleurs indiqué qu'une dispute aurait éclaté durant la journée entre les émissaires et que c'est la raison pour laquelle Deschênes et Sforza seraient revenus seuls sur les lieux, avant de se faire prendre.

Pour Boulanger, il est clair que si les émissaires de la mafia n'avaient pas quitté les lieux, le coup aurait réussi. Il dit que la plupart des avions qu'il a pilotés pour les cartels durant sa carrière ont été repérés par les autorités. Son mandat était de s'échapper des mailles du filet et de livrer la cargaison à bon port, ce qu'il dit avoir fait le 18 novembre 1992. «Quand on décollait, on savait à quelle heure on partait mais il n'y avait jamais d'heure d'arrivée étant donné les problèmes que l'on pouvait avoir en cours de route. Les émissaires n'avaient simplement qu'à rester sur place», dit-il.

Un septième individu, James Morgan, a été accusé dans l'affaire de Casey, non pas pour l'importation des 4000 kilos de cocaïne mais plutôt pour avoir été le gardien d'un laboratoire de traitement de haschisch et de cocaïne démantelé sur la rue Le Châtelier, à Laval, dans les heures suivant la saisie de l'avion et qui abritait également une salle de billard, une cuisine, une chambre à coucher et un gymnase de fortune. Grâce à des informations provenant de deux sources, l'une de la police de Montréal et l'autre de la GRC, les enquêteurs de la police fédérale avaient ce laboratoire à l'œil depuis l'été et ils y avaient observé Deschênes à plusieurs reprises. La police croit que les 4000 kilos de cocaïne, ou une partie, devaient être acheminés dans ce laboratoire. Sur place, ils ont saisi divers équipements, dont un camion-citerne rouge contenant 10 000 litres d'essence pour avion achetés chez Shell. Le camion, dont la plaque d'immatriculation était volée, avait été vendu et racheté une demi-douzaine de fois dans la journée du 14 novembre, visiblement pour donner du fil à retordre aux limiers. Ceux-ci ont également trouvé un téléphone cellulaire qui a servi à appeler, les 15 et 16 novembre 1992, les bureaux de Transport Canada à Roberval où l'on donnait à l'époque les conditions de la météo pour Casey. Les enquêteurs ont aussi découvert des emballages portant le mot Gordos qui ont visiblement servi à empaqueter de la cocaïne. Gordos, qui signifie «Le Gros», était le surnom d'un important trafiquant de Cali. Boulanger dit aujourd'hui avoir transporté plusieurs de ces paquets lors de son vol test du 1er septembre…

Deschênes était en libération conditionnelle lors de son arrestation pour les événements de Casey et sera condamné à 23 ans de prison. Fait à noter, il demandera à ce que deux bateaux, deux embarcations de type Zodiac et deux moteurs hors-bord saisis et confisqués par les autorités lors du démantèlement du laboratoire de Laval, soient donnés à un organisme de Lanoraie venant en aide aux jeunes délinquants. Les autres objets saisis et l'argent ont été versés au ministère de la Santé et du Bien-être social! En 2001, le nom de Deschênes fera de nouveau les manchettes lorsqu'il sera accusé dans une affaire de complot contre un individu dont il a pourtant déjà été très proche, le parrain de la mafia montréalaise Vito Rizzuto. Aujourd'hui, il purge toujours des peines totalisant 45 ans de prison.

*

Lorsque Boulanger croise Deschênes dans les cellules, il ignore que ce dernier s'était fait arrêter. Les deux hommes ne s'adressent pas la parole. Le matin du 19 novembre, les accusés sont amenés dans des fourgons séparés au palais de justice de La Tuque. «Je me souviens que le matin, j'avais reçu un appel pour que je me rende en catastrophe là-bas pour les représenter», affirme Me Gilbert Frigon, de Montréal, qui défend encore aujourd'hui plusieurs membres du crime organisé. «Vingt ans plus tard, cela reste encore l'une des plus grosses affaires de ma carrière», ajoute le criminaliste qui a conservé plusieurs articles de journaux de l'époque.

Après des heures d'attente, les suspects sont appelés dans la salle d'audience. C'est au moment de franchir une porte que Boulanger fera le geste qui le rendra célèbre: le fameux clin d'œil immortalisé par des photographes et des caméramans, mais qui s'avère peut-être davantage un tic nerveux qu'un geste prémédité.

«On a quitté les cellules de détention par l'escalier et ils ont ouvert la porte pour entrer dans le corridor qui mène à la cour. En entrant dans le corridor, c'était plein de journalistes au fond qui n'avaient pas le droit d'approcher. Il y avait des flashs de caméras et c'est à ce moment que j'ai fait un clin d'œil», raconte Boulanger, peu ébranlé par tout le battage médiatique dont il fait l'objet depuis cette fameuse journée. «Je suis un fataliste. Ce qui est fait est fait! Ils font leur *job* ces gens-là, c'est tout. Même chose pour la police. Ils font leur *job*. Moi, je fais ma *job*. Elle était finie. Mais le reste commençait. Vingt ans d'incarcération, c'est là que ça a commencé», dit-il avec philosophie aujourd'hui.

Un à un, les prévenus sont accusés de six chefs d'importation et de trafic de cocaïne. Ils plaident non coupables et choisissent un procès devant juge et jury. L'audience, interminable, se déroule sous forte surveillance comme le rapporte le journaliste Guy Roy, du *Journal de Montréal*, dans un article du 20 novembre 1992: «Le palais de justice, qui occupe le deuxième étage du centre commercial Le Carrefour, a été transformé en véritable forteresse. Tous les journalistes et curieux furent fouillés, puis les portes du palais furent cadenassées jusqu'à la fin de l'audience. Un contingent important de policiers assurait la surveillance des lieux. Chaque détenu sortait du fourgon quand son tour de comparution venait.» Finalement, rien ne viendra perturber la comparution mais on n'est jamais assez prudent. On nous a en effet chuchoté à l'oreille que les Colombiens avaient fait remarquer, vraisemblablement à la blague, que les murs de gypse étaient plutôt minces en se rendant vers la salle d'audience…

Le jour même où le scribe du *Journal de Montréal* écrit ces lignes, la GRC tient une conférence de presse à Trois-Rivières durant laquelle elle annonce avoir déjoué la plus grosse importation de cocaïne de l'histoire du Canada. Tous les journaux du pays en feront leur une. La GRC explique avoir saisi un total de 4323 kilos de cocaïne évaluée à 2,7 milliards de dollars.

À ce sujet, Boulanger est encore perplexe, 20 ans plus tard. Il croyait qu'il transportait 3700 kilos de cocaïne, comme il l'avait mentionné à l'enquêteur Pelletier, et il pense que des kilos ont été ajoutés à son insu. Il s'étonne également de ce nombre de 4323 kilos alors que celui de 3919 kilos apparaît dans certains documents judiciaires et dans un rapport d'Interpol daté de décembre 1992. Boulanger dit qu'un kilo de cocaïne valait 12 000 $ à l'époque et que la cargaison valait donc, au bas mot, 500 millions. Il croit que la valeur de la cocaïne aurait dépassé les estimations, une fois traitée et vendue sur le marché noir.

La drogue saisie à Casey a été détruite par la GRC dans un incinérateur de la région de Montréal, le 2 décembre 1992. Fait à noter, une poignée de journalistes spécialisés dans les affaires criminelles, dont Michel Auger qui en est ressorti quasiment intoxiqué, ont assisté à l'opération qui a fait la une du *Journal de Montréal* avec un titre un peu contradictoire, à savoir que tout s'était déroulé «dans le plus grand secret»!

Lors de la conférence de presse du 20 novembre, l'inspecteur de la GRC Onil Thibault annonce également que des mesures extraordinaires ont été prises pour surveiller les accusés au cas où les cartels auraient l'idée d'envoyer des hommes pour les libérer, comme ils ont tenté de le faire avec l'équipage d'un avion arraisonné au Nouveau-Brunswick quelques années plus tôt.

«Les policiers du SWAT étaient toujours autour de nous. Ils étaient bien armés. Il y en avait partout. C'était une opération d'une très grande envergure. Quand ils nous escortaient, nous étions toujours seuls dans des fourgons séparés. Il y avait des policiers en avant, en arrière, sur les côtés et des hélicoptères dans les airs», raconte Boulanger qui, en compagnie de ses complices, est transféré de la prison de Trois-Rivières à celle d'Orsainville. C'est dans cette prison de la région de Québec qu'il croise de nouveau Christian Deschênes et le prévient de se tenir loin. Leur inimitié s'accentue encore davantage et atteint un point de non-retour.

En janvier 1993, les accusés sont transférés au quartier général de la Sûreté du Québec, rue Parthenais à Montréal, qui était encore un centre de prévention à l'époque et abritait des cellules. Boulanger et les Colombiens y passent deux semaines durant lesquelles ils discutent d'une entente avec leur avocat. «J'ai demandé à Me Frigon d'arranger un *deal*. J'avais calculé que si j'avais une sentence à vie, j'aurais été admissible à la libération conditionnelle après sept ans parce que le crime n'était pas violent», dit le pilote.

Le 1er février, l'enquête préliminaire doit débuter devant le juge Louis Carrier de la Cour du Québec, au palais de justice de Shawinigan. Les policiers du groupe tactique d'intervention montent la garde sur les toits des bâtiments voisins. La ville est en effervescence. Les badauds sont nombreux. Les dizaines de journalistes présents salivent à l'idée d'avoir des détails sur cette retentissante affaire, mais, à la grande surprise de tous, les accusés plaident coupables à une seule accusation: «Le ou vers le 18 novembre 1992, dans les environs de Casey, district judiciaire de Saint-Maurice, ont illégalement importé au Canada un stupéfiant, à savoir de la cocaïne, contrairement à l'article 5.1 de la Loi sur les stupéfiants.» En contrepartie, les autres chefs sont retirés. Les accusés reconnaissent leur culpabilité au grand soulagement de nombreuses personnes qui devaient témoigner, dont Yvon Pelletier, chef aux opérations de RBGM. «J'étais content de savoir qu'ils avaient plaidé coupable. Vous savez, quand on a affaire à des individus qui jouent avec la drogue, et de grosses organisations…», dit M. Pelletier que toute cette affaire inquiétait mais qui a tout de même conservé sa citation à comparaître en souvenir.

Boulanger dit aujourd'hui qu'il a plaidé coupable en pensant qu'il serait condamné à 18 ans de prison et les Colombiens à 15 ans. Mais lorsque Me Gilbert Frigon et son vis-à-vis, le procureur de la Couronne James L. Brunton, aujourd'hui juge de la Cour supérieure dans les superprocès SharQc, s'adressent au juge Carrier, il est clairement question d'une suggestion commune de 23 ans de prison pour Boulanger et de 20 ans pour ses trois complices. «C'est la plus grosse importation de mémoire d'homme au Canada», déclare le juge Carrier en se rendant à la suggestion des avocats. Boulanger écope une plus forte sentence, car il est considéré comme le leader et a préparé le coup, notamment en «empruntant» les lettres d'appel du Convair d'Hydro-Québec remisé à Saint-Jean-sur-Richelieu. Mais, en plus de ces lourdes peines, le magistrat invoque un nouvel article du Code criminel et émet une ordonnance selon laquelle les condamnés devront purger au moins 10 ans avant d'être admissibles à une libération conditionnelle.

La sentence est un véritable coup de massue pour Boulanger. «C'était l'état de choc», dit-il. Mais l'ordonnance sur le minimum de 10 ans à purger est particulièrement difficile à encaisser, d'autant plus qu'elle aurait empêché les condamnés de se prévaloir d'une mesure qui sera adoptée un peu plus tard et qui est aujourd'hui disparue : la procédure d'examen expéditif en vertu de laquelle un détenu, qui en est à une première offense et dont le crime n'est pas violent, peut être libéré au sixième de sa sentence. Boulanger et ses complices décideront de porter la décision sur l'ordonnance devant la Cour d'appel mais les délais seront largement dépassés. Sur les recommandations d'un futur codétenu, ils feront appel à Me Jacques Normandeau qui rencontrera alors un accusé comme il en aura rarement connu. «Je me souviens, pour avoir discuté avec des personnes impliquées dans cette affaire, que la DEA considérait Boulanger comme le meilleur pilote qu'elle avait jamais affronté, une espèce d'Indiana Jones du pilotage de brousse. Une blague voulant qu'il ait été capable de faire décoller un bain rempli d'eau muni d'une hélice circulait», dit l'avocat. Me Normandeau obtiendra gain de cause devant la Cour d'appel. Malgré tout, Boulanger ne profitera pas de la procédure d'examen expéditif sans devoir se battre de nouveau.

Chapitre 10
L'oiseau en cage

En février 1993, comme tous les nouveaux détenus fédéraux, Raymond Boulanger commence sa longue vie carcérale au Centre de réception de Sainte-Anne-des-Plaines où il séjourne environ six semaines, le temps d'être évalué et classé selon son niveau de dangerosité.

Boulanger et les trois Colombiens sont ensuite envoyés au pénitencier à sécurité maximum de Donnacona où ils retrouvent Christian Deschênes. Selon le pilote, ce dernier, qui était déjà à Donnacona depuis quelques semaines, aurait manœuvré de façon que Boulanger et son équipage soient affectés à l'aile M en sa compagnie et celle d'autres individus liés au crime organisé, notamment des membres des Hells Angels. Visiblement, Deschênes veut rétablir les ponts mais il se heurte à une fin de non-recevoir de la part du pilote. Au lieu de fumer le calumet de paix avec son complice, Boulanger mine sa crédibilité auprès de ses codétenus. « À partir de ce moment-là, ses parts ont commencé à baisser dans la *wing*», dit Boulanger. La rupture entre les deux hommes était définitivement consommée.

Le 27 mai 1994, Raymond Boulanger termine sa marche quotidienne dans la cour du pénitencier et vient d'entrer dans le gymnase lorsqu'il entend un ami crier son prénom avec effroi, comme pour le prévenir d'un danger imminent. «Je me suis retourné pour le regarder et là, j'ai vu du coin de l'œil un individu cagoulé avec un bat de baseball. Il a "swigné". J'ai juste eu le temps de me baisser un peu et paf !, il m'a atteint à la tête. Je suis tombé sur un genou et j'ai bloqué un autre coup de bat avec mon coude droit. Il s'est apprêté à "swigner" encore mais j'ai pris une poubelle en plastique qui était là, près de la porte de la cantine, et j'ai bloqué un autre coup. Lorsqu'il est reparti pour "swigner" encore, j'avais repris mon équilibre et je lui ai sacré un bon coup de pied entre les deux jambes qui l'a fait lever un pied de terre. Il a lâché un cri, a laissé tomber son bat et est parti en gémissant. Je lui ai crié : *Enlève ta cagoule mon hos… de chien. Je n'ai pas fini avec toi. Viens icitte !*», raconte Boulanger.

À la suite de cette intense poussée d'adrénaline, Boulanger reprend ses esprits et constate qu'il perd beaucoup de sang. «Le sang dégoulinait de partout.» Quelques détenus subjugués, qui ont assisté à la scène, le conduisent à l'infirmerie où il reçoit les premiers soins. Boulanger arbore une large coupure à la tête. Les infirmiers constatent que la blessure est trop grave et demandent une ambulance. Le pilote est transporté dans un hôpital de Québec où, les mains menottées dans le dos, face contre la table d'opération, il recevra quelques dizaines de points de suture, à froid.

«Je n'ai jamais perdu connaissance pour un coup. J'ai vraiment la tête dure. Ce n'est pas la première fois : j'ai déjà eu des *crashs* d'avion, la gueule cassée, et tout ça. C'était tellement engourdi, là. J'avais une "poque" énorme, comme un pamplemousse. Ils m'ont retourné et gardé à l'infirmerie à Donnacona en observation et médication durant une dizaine de jours. J'ai eu la tête fendue, j'ai encore une grosse cicatrice, là», montre-t-il avec de grands gestes. Un rapport médical du pénitencier fait état d'«un traumatisme crânien par coup de bâton de baseball et d'une lacération de cinq centimètres au cuir chevelu dans la région occipitale». Un autre révèle «une lacération de trois à quatre centimètres de profondeur sur sept centimètres de longueur sur la nuque ».

Déjà, dans les heures qui suivent, des rumeurs circulent dans la prison sur le nom de l'homme au bâton de baseball, tellement que le suspect et son frère seront placés en protection dès le lendemain. Ce suspect sera plus tard transféré dans un pénitencier de la Colombie-Britannique où il sera poignardé à mort, dit Boulanger. Selon le pilote, le nom de Deschênes circule également comme étant le commanditaire potentiel de l'agression. Au responsable de la sécurité préventive de la prison, Boulanger dit qu'il n'a pas peur de retourner « en population » et assure qu'il va régler son problème tout seul. Il en parle à un ami influent.

Un après-midi du mois d'août suivant, un homme dit à Raymond Boulanger de ne pas aller dans le gymnase « car il va s'y passer quelque chose » lors du « mouvement des détenus ». À 14 h 30, Christian Deschênes, qui revient de l'extérieur, entre dans la salle de conditionnement physique lorsque cinq individus armés de bâtons de baseball l'encerclent. Le détenu reçoit en plein visage le premier coup qui l'envoie au sol. Il est ensuite roué de coups et appelle à l'aide, en vain. Ce sont les agents correctionnels qui mettront fin au carnage en tirant en l'air, raconte Boulanger, selon qui Deschênes a été transporté à l'hôpital où il a passé quelques jours. Boulanger a toujours cru que c'était son ex-coaccusé qui avait commandé l'agression contre lui mais cela n'a jamais été prouvé.

Dans le dossier du pilote à la Commission des libérations conditionnelles du Canada, il est question de menaces « suffisamment graves » que Boulanger aurait faites à l'égard d'un codétenu. « L'équipe de gestion de cas, en y faisant référence, relie un rapport d'observation à un autre rapport sur une altercation dont vous auriez été victime alors que vous étiez incarcéré », peut-on lire dans une décision de mars 1998. Soupçonné, Boulanger nie être lié de près ou de loin à l'agression dont a été victime Christian Deschênes. Après son hospitalisation, ce dernier est retourné à Donnacona en protection. Les deux hommes n'ont plus eu aucun contact par la suite et ne se sont jamais revus.

*

À Donnacona, Boulanger et son équipage forment un groupe tricoté serré. La première mission du pilote est d'apprendre le français à ses Colombiens pour qui la langue de Molière recèle encore beaucoup de difficultés, cinq mois après avoir posé leurs sandales sur le sol enneigé de la Haute-Mauricie. Ce mandat s'étire sur environ huit mois. «C'était pour qu'ils puissent fonctionner un peu en prison. On allait dans une classe le matin et l'après-midi, et je traduisais les mots du français à l'espagnol, et vice-versa. On nous avait assigné un petit local. Deux ou trois autres *latinos* sont passés par là aussi. Quand ils sont partis, cinq ans après, les trois Colombiens parlaient tous parfaitement français. Ils pouvaient aussi lire et écrire sans aucune difficulté», dit Boulanger.

Mais le pilote ne fait pas que donner des cours de français à son équipage. Il lui fait aussi la cuisine et ne regarde pas à la dépense pour améliorer le sort de «ses Colombiens». À ce sujet, il fulmine encore contre la mafia montréalaise, 20 ans plus tard. «Il n'y a personne qui a payé pour eux, alors j'ai tout payé. J'ai rentré des télés, des radios, des vêtements. Je leur donnais 300 $ chacun par mois. J'ai fait ça durant deux ans car leurs familles n'avaient pas d'argent et ne savaient pas comment faire. Le copilote Montes-Restrepo venait d'une famille qui avait un peu d'argent et elle a pris la relève, mais pas les deux autres», dit-il.

«Durant tout le temps de notre incarcération, les Italiens n'ont jamais donné une maudite "cenne noire" pour nous aider, ni pour payer la cantine ni pour payer les frais de justice. Le seul qui a été payé, c'est l'avocat. J'avais une entente avec eux pour que de l'argent soit déposé dans un compte, justement pour couvrir des frais semblables. Cet argent-là devait être déduit du montant qu'ils devaient aux cartels colombiens pour la drogue. C'est une espèce de fonds d'aide pour l'équipage en cas de pépin. C'est toujours comme ça que c'est organisé pour des importations semblables», fulmine le pilote encore aujourd'hui.

À l'époque, Boulanger est tellement en colère que la mafia, qui craint qu'il se «mette à table», envoie un avocat le rencontrer en prison à la fin d'août 1994, lors d'une journée de visites familiales. C'est un codétenu, membre influent de la mafia italienne et proche du parrain Vito Rizzuto, qui organise la rencontre. Officiellement, l'avocat est sur la liste des visiteurs de ce codétenu, mais, dans les faits, c'est Boulanger qu'il vient voir. Le pilote s'en souvient très bien puisque quelques jours plus tard, plusieurs membres influents de la mafia italienne seront arrêtés dans l'une des plus audacieuses opérations de la GRC : il s'agit du projet Compote durant lequel la police fédérale avait créé de toutes pièces un faux bureau de change au centre-ville de Montréal où les suspects avaient apporté des sacs contenant des dizaines de milliers de dollars pour les blanchir. «Ils commençaient à être un peu nerveux parce que j'étais enragé. Ils croyaient que j'allais virer mon capot de bord. Ils sont venus me calmer. Mais je n'avais aucune intention de virer mon capot de bord. J'avais des intérêts là-dedans et de la famille et des amis proches en Colombie. L'avocat m'a dit que tout était correct, que c'était arrangé avec les gars du Sud. Ils étaient censés envoyer de l'argent pour mes gars en prison mais cela n'a jamais été fait. C'était encore rien que des paroles en l'air, de la *bullshit*», résume Boulanger, selon qui son père lui envoyait de l'argent chaque mois.

*

Lorsque la cafetière qui trône sur l'unique tablette de sa cellule crépite à 6 heures pour lui préparer son café noir – colombien à 100 % –, Boulanger se tire d'un trait de sa paillasse et s'adonne à une vieille passion retrouvée : la peinture. «Mon hobby quand j'étais dehors, chez nous ou en Colombie, c'était la peinture. Je dessine depuis que je suis tout petit. C'est toujours ce que j'ai fait pour me calmer entre mes affaires. J'ai fait de la peinture tout le temps en prison. Des fois, je passais la semaine à peindre. D'autres fois, je me levais la nuit pour faire mes toiles. J'avais mes pinceaux et mon chevalet dans ma cellule. Mais aujourd'hui, les détenus n'ont plus le droit. Tout est régi, c'est compliqué », déplore le pilote dans une autre envolée contre la justice canadienne.

Boulanger dit avoir réalisé près de 300 peintures, à l'huile et à l'aquarelle, durant cette période. Il les a toutes vendues, principalement à ses enfants, des avocats, des étrangers et ses ex-femmes. C'est d'ailleurs l'une d'elles qui possède la toile représentant le fameux vol du Convair 580 blanc de novembre 1992 qu'il a intitulée *Heading North*. Ses œuvres sont éparpillées au Québec, en Colombie-Britannique, en Colombie et au Mexique. Des détenus, parmi lesquels des membres des Hells Angels et d'autres groupes du crime organisé, lui en ont également acheté.

L'un de ses meilleurs clients a été un individu condamné à la prison à vie pour meurtre et qui était proche du clan Pelletier, de l'est de Montréal. Boulanger s'entendait bien avec ce type qui lui a acheté une dizaine de toiles. À l'époque, et encore davantage aujourd'hui d'ailleurs, le marché noir du tabac et la contrebande de nourriture volée dans les cuisines étaient monnaie courante et ce codétenu semblait en tirer un certain profit. À tout le moins, il avait assez d'argent pour acquérir plusieurs œuvres de Boulanger. Si la peinture est déjà un luxe en dehors, imaginez derrière les murs. Le pilote admet aujourd'hui qu'il profitait lui aussi de cette petite économie parallèle. Les blagues de tabac et les filets mignons volés dans les cuisines ont visiblement aussi contribué à améliorer le sort de ses trois Colombiens.

Outre la peinture, Boulanger est également intéressé par les livres. Il se met donc à travailler à la bibliothèque du pénitencier de Donnacona au salaire «grade A», c'est-à-dire à 6,90 $ par jour. «Je payais ma cantine avec ça. Cela me donnait 69 $ et quelques "cennes" tous les 15 jours. Là-dessus, je déduisais huit piastres pour le câble et une autre piastre pour le comité des détenus. Il me restait environ 59 $ "clair" pour deux semaines. Avec ça, j'achetais de la bouffe, des livres et autres trucs. Je commandais des magazines par l'intermédiaire de la bibliothèque. Madame Hélène, qui était responsable de la bibliothèque, habitait à Québec et je lui demandais de m'acheter les journaux de la Colombie. Je les avais avec un ou deux jours de retard, mais je savais tout de même tout ce qui se passait là-bas», se souvient le pilote.

À la bibliothèque, Boulanger fait l'entrée, la distribution, le placement et la commande des livres. Il a un budget de 300 $ par mois pour faire de nouvelles acquisitions. Il achète des livres éducatifs, des romans, des bouquins d'histoire et des classiques. «On essayait d'accommoder tout le monde. J'achetais des bandes dessinées également, les *Tintin* étaient très populaires.» Comme il fallait s'y attendre, les revues de poids et haltères, de boxe et autres sports étaient également très prisées des détenus de Donnacona. Ceux-ci fréquentaient énormément la bibliothèque, affirme Boulanger, qui prenait également les commandes spéciales.

Un jour un colosse s'approche de lui et lui chuchote à l'oreille.

– Salut Raymond! Pourrais-tu me commander des romans Harlequin. Mais sois discret s'il te plaît!

Boulanger lève la tête et reconnaît Juan Ramon Fernandez. L'Espagnol d'origine n'était pas le dernier venu. Il était alors fiché comme un membre influent de la mafia italienne de Montréal et associé du parrain Vito Rizzuto. Il a été tué et son corps brûlé au printemps 2013 en Sicile. À cette époque, Fernandez, un costaud rompu aux arts martiaux, purgeait une peine pour une affaire de cocaïne retrouvée dans sa voiture, une Jaguar louée selon la police par le caïd Raynald Desjardins, dont il était également très proche.

«Aussi étonnant que cela puisse paraître, il lisait des romans d'amour avec des Roméo aux cheveux longs et des femmes. Il adorait ça mais il ne voulait pas que cela se sache. Il venait me voir à la bibliothèque. De nouveaux romans étaient publiés régulièrement et il me disait: *Commande-moi celui-là*. J'achetais ses romans à l'eau de rose et il était content», raconte Boulanger.

«Il était *fancy* et aimait "flasher". Je l'appelais "*The Dapper Don*", le surnom du mafioso américain John Gotti, car c'était son héros. Il l'idolâtrait et n'arrêtait pas de m'en parler. Il lisait tous les livres sur le crime organisé sur lesquels il pouvait mettre la main.»

En échange de ses commandes et de sa discrétion, Fernandez assiste Boulanger lorsque ce dernier soulève des poids dans le gymnase de la prison, comme tout bon détenu qui se respecte. «C'était un costaud. Il était fort comme un bœuf. Il se présentait bien, parlait bien et était poli. C'était un gars qui faisait son *shift*. Il était correct avec tout le monde et avait une bonne attitude. Il savait faire son temps. Il faut dire qu'il en avait assez fait...», ajoute le pilote.

Les deux hommes deviennent très proches. Boulanger dit que c'est Fernandez qui a fait taire, tant à l'intérieur qu'à l'extérieur des murs où il exerçait également une certaine influence, les rumeurs voulant que le pilote soit un délateur. Le Rimouskois croit encore aujourd'hui que ces persistantes rumeurs visaient à lui mettre de la pression pour qu'il devienne réellement un informateur.

Fernandez avait tué une jeune personne des années auparavant, un homicide involontaire pour lequel il avait été condamné et dont il n'était pas très fier. Jamais les deux hommes n'en ont discuté. «On ne parlait jamais de nos crimes entre nous et on ne posait jamais de questions à quelqu'un relativement à ses délits.

C'est une règle non écrite dans le milieu carcéral, ça ne se discute pas. Tu te mêles de tes affaires, tu fais tes petits trucs, tu ne brasses pas la cage de personne et on te laisse tranquille. Les "faiseux de trouble", on n'en veut pas. Quand tu as du monde qui arrive et qui commence à semer la pagaille dans le paquet, on demande de les envoyer ailleurs et ils sont transférés assez rapidement. C'est le comité des détenus qui décide de ce genre de choses. Et les violeurs, batteurs de femmes, pédophiles et autres "races" du genre ne sont pas acceptés par la majorité », dit-il.

Boulanger s'adapte rapidement à la vie carcérale et met en pratique ce qu'il prêche. Il ne fait pas de sports d'équipe. Il passe de longues heures à peindre, seul dans sa cellule, ou à soulever des poids. Mais, surtout, il marche de deux à trois heures par jour dans la cour de la prison, un circuit de près de deux kilomètres, estime-t-il. Il use cinq paires d'espadrilles durant ses deux premières années d'incarcération à ainsi tourner continuellement en rond avec son équipage et un certain W. M.

Ce dernier est alors un membre du célèbre gang de l'Ouest. Boulanger l'a connu dans le fourgon qui l'a transporté du Centre régional de réception de Sainte-Anne-des-Plaines jusqu'au pénitencier de Donnacona. Les deux hommes se sont alors échangé quelques mots qui ont débouché sur une solide amitié carcérale. Ce nouvel ami était l'un des rares à manger à la même table que Boulanger et ses Colombiens. C'est lui qui a expliqué au pilote comment fonctionnait le crime organisé à Montréal.

En 1974, ce détenu avait été condamné pour tentative de meurtre relativement à un vol de convoyeur au cours duquel un gardien de la compagnie Brink's avait été tué et un autre blessé, sur le chemin de la Côte-de-Liesse dans Ville Saint-Laurent. En 1993, il vient de se faire arrêter pour une affaire d'importation de drogue aux États-Unis et attend une extradition qu'il veut à tout prix éviter. « Il était inquiet. Il se grattait tellement le dessus de la tête qu'il avait quasiment un trou dedans ! Ça n'allait pas bien, son affaire. Il avait perdu sa femme et sa maison. Il avait besoin d'argent pour combattre l'extradition et personne, pas même les Irlandais, ne voulait l'aider. Il n'était plus capable de trouver une "cenne" nulle part. »

Pour l'aider, Boulanger lui dit d'envoyer un émissaire à une adresse à Montréal. Lorsque ce dernier sonne à la porte, la personne qui répond lui tend un sac contenant 50 000 $. Malgré cette somme destinée à payer des avocats et un combat qui a duré presque deux ans, le codétenu n'est pas parvenu à échapper à l'extradition et a pris le chemin des inhospitalières geôles américaines. « Ils sont venus le chercher un midi. Ils l'ont appelé à 11 heures pour qu'il aille rencontrer un avocat à la visite mais lorsqu'il s'est présenté, c'étaient des enquêteurs de la GRC et de la DEA qui l'attendaient. Paf ! Ils l'ont amené à Québec, mis dans l'avion et *"bye bye"* ! Le soir, il soupait à Jacksonville en Floride, le pauvre. Il n'a pas eu le temps de me saluer. On s'est écrit par la suite. Avec tous ses démêlés avec la justice qui ont duré des années, il est devenu un expert en droit, meilleur que bien des avocats que j'ai connus », dit Boulanger.

Vingt ans plus tard, les démêlés judiciaires de l'ami de Boulanger ne sont toujours pas terminés. Il est revenu au Canada en 2002, mais a dû continuer de purger sa peine canadienne qui n'a été que suspendue durant son séjour aux États-Unis. En 2008, il a obtenu sa libération conditionnelle mais a été réincarcéré la même année pour non-respect des conditions. Au moment d'écrire ces lignes, il était en maison de transition.

*

Un jour du début de 1995, Boulanger est appelé à la salle des visites pour rencontrer son avocat. Il ouvre la porte et constate que son présumé visiteur est en réalité deux enquêteurs de la DEA et un autre de la GRC. Intrigué, Boulanger reste dans la pièce plutôt que de tourner les talons. « Ils m'ont dit : *On veut juste te parler.* Ils avaient un gros document sur lequel c'était écrit *Secret Copy*, avec des photos et une longue liste de noms de personnes et de noms de compagnies aériennes. C'était toute la gang des Herrera-Lizcano, les propriétaires de la société aérienne colombienne Avesca. Je leur ai dit que je ne les connaissais pas. Le document venait de Chicago. J'ai dit que je n'avais pas d'affaire là, que cela faisait des années que je n'y avais pas mis les pieds », dit Boulanger.

En fait, le pilote était dans la mire des autorités américaines. Le 3 mai suivant, des accusations de complot, vente et distribution de cocaïne seront déposées contre lui, son équipage, le groupe d'Herrera-Lizcano et plusieurs compagnies aériennes colombiennes par un juge du Northern District de l'Illinois et un mandat d'arrêt sera lancé le lendemain. Dans le cas de Boulanger, la cause suivra son cours durant un peu plus d'un an et demi jusqu'à ce que les accusations soient retirées, en janvier 1996. Le mandat d'arrêt sera retourné comme étant « non exécuté » en août 1997.

Lors de cette rencontre avec les enquêteurs de la DEA, un agent correctionnel fait soudain irruption dans la pièce et ordonne au pilote de retourner au pavillon pour le « décompte » de 11 heures. Selon ce qu'il raconte, Boulanger, qui a le dossier des enquêteurs américains dans les mains, s'éclipse avec celui-ci malgré les protestations des policiers. Il appelle ensuite son avocat pour lui remettre le document. Le patron d'Avesca, Luis Carlos Herrera-Lizcano, sera condamné un an plus tard à Chicago. Visiblement, les Américains voulaient extrader et juger Raymond Boulanger mais ils ne l'ont jamais fait.

En mars, la cote de dangerosité de Boulanger est réduite et il est transféré au pénitencier à sécurité moyenne de Drummondville, où deux des membres de son équipage se trouvaient déjà. Sur place, il retrouve un autre Colombien pilote d'avion pour les cartels, Diego Ganuza, qui était aux commandes du Commander 1000 arraisonné à l'aéroport de Saint-Robert, près de Sorel, en 1988, à l'issue d'une poursuite spectaculaire en plein ciel. Ganuza était l'un des clients du criminaliste Sidney Leithman assassiné en 1991.

Boulanger croise également Raynald Desjardins. À l'époque, le caïd purgeait une peine de 15 ans pour une importation de cocaïne et était très proche du parrain Vito Rizzuto. La relation entre les deux hommes a bien changé par la suite, mais Desjardins est toujours en prison aujourd'hui pour le meurtre de l'aspirant parrain Salvatore Montagna commis en novembre 2011. À Drummondville, Boulanger côtoie aussi un individu emprisonné à la suite de l'affaire du navire *Marine Transport* survenue en avril 1991. Le navire transportait une importante cargaison de cocaïne provenant d'Amérique du Sud. Il devait s'arrêter dans les eaux territoriales canadiennes, près du Nouveau-Brunswick, et la drogue devait être transférée sur des bateaux de pêche. Mais, au large de Terre-Neuve, le navire a été éventré par des glaces. Les matelots ont trouvé refuge sur une banquise avant d'être arrêtés.

*

Boulanger coule des jours tranquilles au pénitencier de Drummondville d'autant plus qu'il sait que sa libération est proche. Depuis août 1997, en effet, les détenus purgeant une première peine fédérale pour des délits commis sans violence peuvent bénéficier de la « procédure d'examen expéditif », une mesure qui leur permet de sortir presque automatiquement de prison au sixième de leur peine. La procédure d'examen expéditif est destinée à vider les pénitenciers de leurs éléments non violents. Mais des mafiosi ont été parmi les premiers à en bénéficier, provoquant instantanément un tollé dans la population. Lorsque le tour de Boulanger arrive, les dirigeants de la Commission nationale des libérations conditionnelles (CNLC) sont soudainement devenus moins flexibles, dans le but de calmer la grogne populaire.

C'est visiblement dans ce contexte que le président de la région du Québec de la CNLC, Serge Lavallée, signe en octobre 1997 une première décision dans laquelle il refuse de remettre le pilote en liberté. « Le juge de première instance a dit que vous n'êtes pas le pire des accusés mais que vous avez commis le pire des crimes», écrit M. Lavallée, qui dresse un portrait inquiétant du pilote en indiquant qu'il aurait fait le trafic de haschisch en prison, aurait menacé un détenu, était le seul à contrôler une grenade dans l'avion de Casey qui transportait aussi des mitraillettes chargées et, enfin, qu'il avait même bombardé des villages.

Malgré ce rapport accablant, Boulanger a droit à une audience en bonne et due forme un mois plus tard et défile devant les commissaires Michel Dagenais et Jean Dugré. Mais, soudainement, la séance est interrompue par une tierce personne qui ajoute dans le dossier, cinq ans après les événements de Casey, des informations nouvelles faisant état de mitraillettes chargées et de grenades trouvées dans le Convair. Ces ajouts de dernière minute n'ébranlent pas le commissaire Dagenais qui, même s'il souligne au passage la «vie d'aventurier et de mercenaire constamment sur la corde raide de Boulanger», ordonne sa libération car il considère qu'il ne représente pas un risque de récidive violente pour la population. Mais son collègue Jean Dugré, lui, demande 30 jours pour y réfléchir. Or, durant ce délai, la CNLC conclut à un désaccord entre les deux commissaires et organise la tenue d'une nouvelle audience avec deux nouveaux représentants. C'en est trop pour Boulanger et son avocat, Me Jacques Normandeau, qui portent immédiatement l'affaire en Cour supérieure devant le juge Jean-Guy Boilard.

«Vous avez raison de vous plaindre que le processus administratif a cafouillé quelque part et de façon lamentable, choquante et, j'ajouterais, scandaleuse», déclare le magistrat à Me Normandeau et à son vis-à-vis de la CNLC, Me Gilles Villeneuve, avant d'obliger les parties à s'entendre sans quoi il va trancher. Le jour même, le 5 mars 1998, Raymond Boulanger sort de prison et est conduit dans une maison de transition de l'est de Montréal. Cela fait un peu plus de cinq ans et trois mois que le pilote est détenu. Sa libération conditionnelle a été retardée d'environ sept mois avec toute cette affaire qui le laisse encore amer envers la justice, 20 ans plus tard. En revanche, Boulanger n'aidera pas tellement sa cause dans les mois qui suivront.

Après réflexion, le commissaire Dugré rend à son tour sa décision. Constatant des contradictions profondes dans les informations sur les fameuses grenades et la mitraillette, il ordonne lui aussi la libération du pilote. Après cette affaire et une autre similaire concernant Raynald Desjardins, M. Dugré dénoncera l'ingérence de ses supérieurs, ce qui lui vaudra une suspension sans solde. Il s'adressera à la Cour fédérale et gagnera sa cause. Son contrat ne sera toutefois pas renouvelé à la CNLC et il est, depuis, commissaire à la Commission québécoise des libérations conditionnelles. Comme nous le verrons plus loin, son sacrifice sera toutefois vain dans le cas de Boulanger. En ce qui concerne la procédure d'examen expéditif, elle a été abolie par les conservateurs il n'y a pas si longtemps.

*

Dans la maison de transition Hochelaga, située près du tunnel Louis-Hyppolite-La Fontaine à Montréal, Boulanger côtoie des individus qu'il a connus «dehors», dont un considéré par la police comme un membre influent de la cellule calabraise de la mafia italienne et un trafiquant de cocaïne arrêté dans l'opération Compote.

Après plus de cinq ans sans avoir pu assouvir sa passion, le pilote peut enfin recommencer à voler. Avec des amis, il survole la rivière Richelieu, la baie Missisquoi, les régions de Saint-Jérôme, Sorel et Lac-Brome. Il ne travaille pas et doit revenir à la maison de transition à 23 heures pour y passer la nuit. Après le premier mois, il bénéficie de fins de semaine de congé qu'il passe habituellement avec son père, qui habite le centre-ville de Montréal. On aurait pu croire qu'après cinq ans de prison, Boulanger aurait apprécié sa liberté partiellement retrouvée dans une structure somme toute assez indulgente, mais il n'en est rien.

« C'était ennuyant. Nous étions quatre ou cinq par chambre qui partagions la même salle de bains. Il y avait trop de monde dans une trop petite place. Je ne pouvais pas laisser mes affaires quand je partais le matin car elles n'étaient plus là quand je revenais le soir. Il fallait que je mette mes affaires sous clé. C'était mal situé, juste à côté du tunnel. C'était bruyant, l'autobus arrêtait et redémarrait directement devant ma fenêtre de chambre. À trois reprises, durant le temps que je suis resté là, les policiers sont venus en pleine nuit pour en arrêter un dont la libération avait été suspendue », se plaint Boulanger, qui ne se voyait pas vivre cette vie durant encore deux ans et demi. Après quatre mois, il demande donc de changer de maison de transition. « Ils m'ont répondu qu'ils ne pouvaient pas faire ça. Je leur ai dit : *Ah, vous ne pouvez pas faire ça ? OK.* »

La fin de semaine suivante, Boulanger bénéficie d'un congé de quatre jours qu'il est censé passer chez son père. Il doit revenir le lundi 13 juillet 1998 à 23 heures. À 23 h 15, il manque toujours à l'appel. Les agents téléphonent chez son père et comprennent par la réponse de ce dernier qu'ils ne reverront pas le pilote de sitôt.

Chapitre 11
Une cavale rocambolesque

Quelques jours avant de se rendre chez son père pour y passer la fin de semaine, Boulanger avait déjà pris la décision de partir. Son père n'a rien fait pour l'en dissuader, au contraire. «Il n'était pas d'accord avec plusieurs facettes du système. C'était un rebelle comme moi, anti-autorité et anti-establishment. Mes deux grands-pères étaient comme ça. Il m'a juste dit de faire attention.»

Le pilote avait déjà donné le mandat à «des personnes» de lui trouver un appartement à Montréal et d'y déposer tout ce qui était nécessaire aux premiers jours de sa cavale : vêtements, argent, nourriture, etc. Dès le samedi, il s'installe dans son nouveau domicile, un trois et demie déjà meublé, rue Sainte-Famille près de la rue Milton. C'est une connaissance qui paie le loyer mensuel de 1500 $ avec une carte de crédit. Il y reste jusqu'à la mi-octobre.

Durant cette période, il réclame son dû auprès de gens qui lui doivent de l'argent. Il va au restaurant rue Saint-Laurent, sort au centre-ville, rencontre des amis de confiance et fait régulièrement son épicerie au supermarché d'à côté. Pour un peu modifier son apparence, il a rasé sa barbe et s'est teint les cheveux. Mais, jamais durant cette période, il n'a été inquiété par les autorités lancées à ses trousses.

Durant ses premières semaines d'évasion, Boulanger ne demeure pas cloué dans la métropole. Il admet avoir fait du repérage de pistes pour les cartels colombiens.

«J'ai fait Mont-Joli, Matane, toute la Gaspésie, Bonaventure, Chandler. J'ai traversé l'île d'Anticosti d'un bout à l'autre. Je suis remonté sur la Côte-Nord jusqu'à Blanc-Sablon, jusqu'au lac Eon près de Goose Bay, et je suis revenu vers l'ouest par la voie ferrée de la Quebec North Shore et Labrador de l'Iron Ore qui descend à Schefferville. Quand ils ont bâti le chemin de fer, il y avait des pistes où les hommes et le matériel rentraient à bord de DC-3. J'en ai repéré plusieurs. Certaines étaient couvertes d'arbres mais j'ai noté celles qui étaient utilisables. Je me faisais également un plan d'approche en cas de mauvais temps», dit-il.

En attendant que des faussaires lui procurent un nouveau passeport et autres documents contrefaits, Boulanger fait également quelques incursions en Floride, pour y liquider des intérêts, et trois séjours à Toronto. Dans la Ville Reine, il assiste à des rencontres entre des narcotrafiquants de Barranquilla, en Colombie, et des représentants de banques canadiennes.

«Les Colombiens avaient besoin des services d'une banque privée pour recevoir de l'argent afin de nettoyer et recycler leurs profits dans le marché. De grosses banques du Canada sont impliquées jusqu'au cou là-dedans. Pour les banquiers, il n'y a pas d'argent sale. Le groupe de Barranquilla lavait entre 25 et 30 millions par semaine, juste au Canada», raconte le pilote.

C'est de Toronto que Boulanger, qui a enfin ses papiers en main, s'envole sur Air Transat pour la Colombie le 19 décembre 1998. La prochaine fois qu'il reviendra au Canada, 14 mois plus tard, il portera des menottes. Mais, auparavant, il constatera que les choses ont bien changé dans son pays d'adoption.

Le faux passeport au nom de John Robert Kelly que Boulanger a payé 25 000$ est toutefois loin d'être un modèle de précision. «Les nom et prénom avaient été inversés et ça paraissait qu'ils avaient été collés. Ça avait l'air d'un document truqué. N'importe qui en regardant ça aurait dit : *Aïe, ça ne fonctionne pas*», se souvient le pilote.

Après avoir fait escale à Mexico, il se présente à l'aéroport de Bogota où, comme dans le bon vieux temps, il sera accueilli par un policier corrompu de la DAS qui lui permettra d'éviter l'inspection. La police secrète lui fournira par la suite un sauf-conduit en attendant qu'un ami parte directement de Montréal pour lui apporter un nouveau passeport cette fois-ci parfaitement contrefait et, aussi étonnant que cela puisse paraître, à son propre nom. «Seul le mois de naissance avait été modifié. Ça a passé comme un couteau chaud dans le beurre. J'ai même eu une extension de séjour de six mois de l'ambassade canadienne», dit le pilote.

À Bogota, Boulanger choisit de faire une entrée discrète et de ne pas s'annoncer, ne sachant trop sur quel pied danser. «Je ne savais pas ce qui se passait avec les cartels. Celui de Cali avait été pas mal anéanti et le "gang" de Medellin avait beaucoup changé. Quand je suis arrivé à l'aéroport, j'ai été surpris. Dans la quarantaine de hangars où les cartels gardaient leurs avions privés, il ne restait plus rien.» Un peu inquiet, le pilote veut savoir de quoi il en retourne et se rend au ranch de son ancien contact du cartel de Cali à Buga, cette ferme destinée à la collecte de sperme de bœuf où il avait quelquefois séjourné et apprécié ses longues conversations avec le vétérinaire en chef.

«Contrairement à l'habitude, la barrière était fermée et ça avait l'air plutôt tranquille. Deux gars armés sont arrivés à cheval. Ils m'ont demandé qui j'étais et je me suis identifié. Ils ont appelé le vétérinaire en chef qui m'a tout de suite reconnu et fait entrer», relate Boulanger. À l'intérieur, le pilote constate une drôle d'ambiance dans laquelle la méfiance règne. Le vétérinaire lui explique alors que son ancien contact est en cavale.

Alors que Boulanger était en prison, son contact aurait été impliqué dans une importante importation de 12 tonnes de cocaïne cachées sur un bateau de pêche. Sauf que le navire a été arraisonné par la marine américaine au large de l'Équateur et amarré dans le port de Guayaquil. Après une fouille d'une dizaine de jours, les policiers n'ont rien trouvé et ont dû se résigner à libérer l'équipage et laisser aller le bateau. Cependant, les matelots ont fêté un peu trop fort leur libération dans un bar du secteur. L'alcool, qui coulait à flots, a eu raison des inhibitions et a fait en sorte que les fêtards ont échappé quelques détails et moqueries qui sont tombés dans des oreilles indiscrètes. Le tout a été rapporté à la police. Le bateau a donc été intercepté une seconde fois et la fouille, cette fois-ci minutieuse, a permis de retrouver la drogue dans des doubles murs de la salle des réservoirs de diésel. L'importation a avorté et le contact de Boulanger a dû prendre le maquis, recherché à la fois par les autorités et les fournisseurs, bien déterminés à ce qu'il rembourse au moins la valeur de la marchandise perdue.

Secoué par la nouvelle, Boulanger remet le fameux dossier *Secret Copy* des enquêteurs de la DEA au vétérinaire et téléphone à un narcotrafiquant de Medellin. «Quoi ? Tu es à Cali ? Saute immédiatement dans un avion et viens-t-en», lui lance l'individu. À compter de ce moment, Boulanger, qui a toujours été davantage lié au cartel de Cali, offre ses services à des gens plutôt associés à la région de Medellin.

Mais le pilote aura bientôt d'autres raisons de vouloir demeurer dans l'ancien fief de Pablo Escobar. Puisqu'il doit se trouver un logement, un ami lui fait rencontrer une jeune femme de 36 ans qui gère plusieurs immeubles. «Lorsque je l'ai vue derrière le bureau, ça a été le coup de foudre. Elle avait les plus beaux yeux jamais vus et un sourire à faire fondre», décrit-il. Boulanger, qui a alors 51 ans, l'invite à sortir et après quelques rencontres, la relation se concrétise. Elle ira vivre avec lui et le couple possédera un ranch à une trentaine de kilomètres de

Medellin où il se rendra régulièrement. Mais les détails sur cette idylle s'arrêtent ici. Boulanger ne veut pas en dire davantage sur cette femme « admirable et à la force de caractère peu commune » avec laquelle il est toujours en contact aujourd'hui et qu'il appelle encore sa « blonde ».

À Medellin, Boulanger reprend là où il a laissé, six ans plus tôt. Il prépare la logistique des vols et aménage de nouvelles pistes dans le désert, la jungle, en montagne ou sur des ranchs, en Colombie, en Guyane, au Venezuela et dans d'autres pays d'Amérique centrale et du Sud. Il achète et vend également des avions pour ses nouveaux employeurs, commande des pièces, entraîne et sélectionne des pilotes, et teste les appareils.

Ce faisant, il rencontre parfois des « hasards de route » comme cette fois au printemps 1999 où il est aux commandes d'un Convair 580 et s'apprête à atterrir à Bogota. Lui et son équipage amorcent leur descente, à environ 4000 pieds (1220 m), à une vitesse de près de 300 milles (482 km) à l'heure, lorsqu'un gros oiseau, probablement un condor, heurte violemment la vitre du cockpit, laissant un trou béant. « Sous la force de l'impact, l'oiseau a littéralement explosé. Nous avons été éclaboussés par un nuage de tripes, plumes et éclats de verre laminé. J'ai encore une cicatrice laissée par une coupure au-dessus de mon œil gauche. », raconte Boulanger.

Les affaires reprennent donc pour le pilote, mais ce n'est plus comme à la belle époque. « Le nombre de vols avait diminué de plus de 50 %. Il y avait beaucoup moins de monde qui travaillait et beaucoup moins d'appareils. La façon de transporter la drogue avait radicalement changé. Ça passait par des ports, dans des conteneurs. Il y avait beaucoup de vols qui se faisaient de la Colombie vers le Panama. Ensuite, la drogue montait vers le Mexique soit par la route, soit par bateau. Tout se faisait beaucoup plus en cachette. Le groupe pour lequel j'étais consultant faisait quatre ou cinq vols par semaine », dit-il.

Selon Boulanger, une des raisons pour lesquelles les affaires avaient diminué était la présence en Colombie d'un groupe antinarcotique américain relevant de la DEA et des Delta Force qui formait et outillait les Colombiens pour combattre les narcotrafiquants. Les autorités arrosaient notamment les champs de coca clandestins, ce qui ne faisait pas l'affaire des FARC, les Forces armées révolutionnaires de la Colombie. La politique et le renversement du gouvernement de Bogota n'étaient pas les seules activités des rebelles communistes qui ne refusaient pas de brasser des affaires avec les narcotrafiquants pour engranger quelques dollars.

«Il y avait une guerre entre les groupes entraînés par la DEA et les FARC. Quelques-uns des vols des autorités ont *"crashé"* ou fait des atterrissages forcés sur le territoire des FARC. Les équipages ont été exécutés. Les rebelles abattaient les avions en vol avec des missiles Stinger ou des armes légères. Ils étaient vus comme des ennemis. Les FARC pouvaient en abattre une vingtaine par année», décrit Boulanger.

Les FARC avaient également d'autres ennemis : des groupes paramilitaires chargés d'aider la police ou de protéger de riches propriétaires colombiens contre les rebelles. Mais, fait particulier, les narcotrafiquants travaillaient avec les deux camps. Boulanger se souvient d'avions qui ont été chargés de cocaïne par les paramilitaires et qui ont ensuite atterri sur des pistes contrôlées par leurs ennemis jurés, les FARC. «Les deux camps avaient leur *cut*. On arrivait d'une base contrôlée par les paramilitaires et on se posait sur une piste des FARC. Je me souviens qu'à l'époque, on payait entre 15 000 $ et 20 000 $ pour utiliser une piste des FARC durant quelques heures», raconte le pilote.

*

À la fin du mois de janvier 2000, de connivence avec les FARC, Boulanger prépare la logistique pour un vol à Arauca, une ville que les rebelles contrôlent dans l'est du pays, à la frontière avec le Venezuela. Il doit organiser le transport et la livraison de barils de mazout qui arriveront par la rivière. Lui et un compagnon colombien quittent Medellin à bord d'un appareil des lignes régionales colombiennes Trans Oriental à destination d'Arauca. Mais son voyage se terminera des semaines plus tard, beaucoup plus au nord.

Le Dornier Do 28 qui transporte Boulanger et son compagnon fait escale dans plusieurs localités. Une fois à Tame, dernière ville avant la destination finale, l'un de ses pneus éclate à l'atterrissage. La réparation prendra de quatre à cinq heures, le temps de faire livrer un autre pneu. Pour tuer le temps, Boulanger et son ami sautent dans un taxi et se rendent dans la ville pour manger et visiter son attraction principale, le monument en l'honneur de Simon Bolivar, héros de l'indépendance de plusieurs pays de l'Amérique latine, dont la Colombie où il est décédé en 1830. Deux heures plus tard, ils sont sur le chemin de l'aéroport lorsqu'un camion qui les précède se place soudainement en travers de la route et trois véhicules, arrivant d'on ne sait où, font crisser leurs pneus et encerclent leur taxi, rendant toute fuite impossible.

«Une dizaine de gars armés et habillés en civil sont débarqués et sont arrivés en courant et en pointant leurs *guns*. Ils nous ont fait signe de sortir. Laisse-moi te dire que lorsque tu as un *gun* à six pouces de la face, tu ne protestes pas trop fort! Ils m'ont fait coucher sur le plancher dans un autre taxi. Je sentais le canon derrière ma tête», raconte le pilote qui a toujours pensé que leur chauffeur était de mèche avec ces pirates de grands chemins.

Son ami est couché dans une autre voiture et, le nez collé sur le plancher de leur véhicule respectif, les deux hommes roulent durant une vingtaine de minutes avant d'arriver à une intersection, en pleine campagne. Les ravisseurs cessent temporairement leur fuite pour les transférer de véhicules lorsque le compagnon de Boulanger se met à protester. «Il disait: *Arrêtez, nous sommes Colombiens. Les gens des FARC nous attendent.* Je lui ai dit de fermer sa gueule et d'embarquer dans le char. Mais il protestait de plus belle, alors ils ont tiré deux coups de feu au sol, entre ses deux pieds. *As-tu compris le message ?*» lui lance alors Boulanger.

Les ravisseurs bandent les yeux de leurs otages et le cortège repart en direction des montagnes. Après une heure, les véhicules s'immobilisent près d'un bâtiment allongé aux fenêtres brisées et aux murs défoncés. C'est une ancienne école désaffectée. Boulanger et son compagnon sont conduits à l'intérieur. Le pilote sort son passeport canadien et l'exhibe à l'un des ravisseurs, mais celui-ci lui répond qu'il ne prend pas de décision, que son travail était d'enlever les deux hommes et de les livrer ici. Soudain, une trentaine d'individus vêtus d'uniformes militaires et armés jusqu'aux dents sortent de la jungle et approchent.

«Je les ai vus arriver et là j'ai tout compris. Comme deux beaux *caves*, on est allés à Tame sans savoir que c'était une zone rouge, contrôlée par la ELN (Ejercito de Liberacion Nacional), une guérilla doctrinaire, des marxistes purs et durs. Je me suis alors dit que ça allait être un peu plus long qu'on pensait», se souvient le pilote. Les rebelles, des hommes et des femmes âgés de 18 à 35 ans, ne sont pas des enfants de chœur. Le commandant, qui a une trentaine d'années, s'appelle Camilio. Il explique qu'ils sont du Front Domingo Larin, du nom d'un prêtre, héros de la ELN, qui avait mis sur pied un groupe de résistants.

«Il m'a demandé qui j'étais et je lui ai montré mes papiers. Il m'a dit : *Ça va se régler le plus vite possible. Si vous restez tranquilles et que vous nous obéissez, tout va bien se passer. Si vous essayez de vous évader, on va vous exécuter. Nous allons vous surveiller 24 heures sur 24. Nous sommes un commando de garde et nos ordres sont de vous garder jusqu'à ce que les négociations soient réglées.* »

Pendant que le commandant Camilio donne ses instructions, un camion de transport de type militaire recouvert d'une bâche s'approche et les deux otages sont invités à y monter. Flanqués d'une dizaine de gardes, Boulanger et son ami, qui ont de nouveau les yeux bandés et les mains attachées dans le dos, ont de la difficulté à se tenir assis en équilibre tellement le lourd véhicule lutte contre la route défoncée. Après plus d'une heure, le camion s'arrête.

« Ils nous ont fait descendre du camion et nous avions encore les yeux bandés. Le commandant donnait des ordres lorsque j'ai entendu le son typique des armes que l'on recharge. Je me suis dit : *Bon, ils vont nous exécuter.* » Mais, heureusement pour le pilote, les rebelles rechargent leurs armes car ils s'apprêtent à entrer dans la jungle où un éventuel affrontement avec les paramilitaires est toujours possible. Boulanger est encore plus rassuré lorsqu'on lui retire son bandeau.

Après des heures de marche, le groupe arrive dans un campement bien établi où se trouvent déjà d'autres rebelles. Pour ce premier soir en captivité, les otages, qui n'ont pas mangé depuis six heures, se voient offrir riz, fèves et des morceaux d'une vieille vache pendue à un arbre. « Elle était couverte de mouches. Ils ont fait bouillir la viande probablement pour tuer les œufs des mouches et, ensuite, ils ont fait des grillades sur le feu. C'était mangeable. Il faut dire que j'aurais mangé mes bottines », dit Boulanger. Puis, extinction des feux à 18 heures. Les deux hommes s'endorment sur des matelas en mousse, dans un enclos, sous un abri de fortune.

Si Boulanger et son ami croient que ce premier jour d'enlèvement ressemblera aux suivants, ils se trompent. Le pilote aura tout le loisir de mettre en pratique ses cours de survie en jungle suivis quelques années auparavant.

Aux petites heures du matin, ils sont tirés du lit pour amorcer une longue marche qui durera un mois et qui les conduira dans la jungle, en montagne ou dans les champs de coca. Flanqués d'une trentaine de gardiens armés en avant, en arrière et sur leurs flancs, ils progressent péniblement sous des nuées d'insectes voraces, sur des sentiers envahis par la végétation dans lesquels on avance au rythme des coups de machette, ou dans des chemins rendus boueux par des pluies diluviennes de plusieurs jours. Le groupe avance avec prudence en raison des nombreux dangers que recèle la forêt, dont les serpents qui peuvent surprendre sournoisement derrière le moindre arbre ou rocher. Finies les nuits sous la tente, sur des matelas en mousse dans des camps bien organisés. Les otages dormiront recouverts d'une toile de plastique sur des branches déposées au sol, dans des camps de fortune qu'ils devront monter et démonter tous les deux jours, car ils sont continuellement en mouvement.

Isolés à des jours de marche de la civilisation, les rebelles communiquent avec des courriers qui arrivent et repartent à pied tout au long de l'équipée. Boulanger et son ami sont invités à écrire quelques mots à leurs femmes qu'elles recevront avec deux ou trois jours de retard. C'est également de cette façon que les ravisseurs et leurs otages sont tenus au courant des négociations entamées entre des représentants de l'ENL, des FARC et de l'employeur du pilote et de son compagnon pour les faire libérer. Celles-ci progressent mais pendant ce temps, le sort des otages ne s'améliore pas.

Les denrées ne sont pas toujours suffisantes. La plupart du temps, le café matinal est remplacé par de l'*agua panela*, une rondelle de sucre très brun faite avec de la canne que l'on fait bouillir dans l'eau. Pour ajouter des protéines aux repas, les rebelles chassent les larves dormantes sous les vieilles souches pourries et les font frire dans l'huile, un gueuleton au goût de noisettes, dira Boulanger après s'y être risqué. Si, un soir, le repas est agrémenté par un fourmilier abattu dans un arbre et dont on a tiré des côtes levées, les otages testent également les cuisses de grenouilles, l'iguane et le serpent. Mais le pire était encore à venir.

«Deux ou trois fois, ils ont capturé des araignées grosses comme une assiette, avec les pattes. Une grosse affaire toute poilue avec des yeux. *Yeurk!* Ils lancent ça dans le feu, directement sur les charbons. Tu sais ce que ça sent le poil qui brûle?

Ça sent mauvais et ça fait *chuuuuu*! Tu entends ça, tout le poil qui brûle sur l'araignée. Cinq ou six minutes après, ils sortent l'araignée du feu, cassent une patte et t'en tendent une. C'est comme un doigt. Tu ouvres ça et la chair ressemble à du homard ou du crabe. Là, j'ai piqué ça avec un bout de bois et j'en ai mangé. Ça goûtait un peu comme le crabe. Ce n'était pas mauvais mais ça sentait le diable. Nos gardes mangeaient aussi la carcasse. Il y avait trois ou quatre jeunes qui se battaient pour ça, car c'est plein de protéines. Mais je ne voulais rien savoir de manger un bout de carcasse», dit le pilote qui a perdu une vingtaine de livres durant sa captivité tandis que son compagnon en a perdu une trentaine.

«Araignée du soir, espoir», dit l'expression consacrée. Plus le temps avance, plus les rumeurs de règlement commencent à courir dans les rangs des ravisseurs, ce qui contribue lentement à détendre l'atmosphère. Des conversations s'engagent entre les jeunes gardes et Boulanger, qui est loin de souffrir du syndrome de Stockholm.

«Des groupes comme l'ENL ramassent des enfants de la rue sans éducation. Leurs parents les jettent dehors à un tout jeune âge, ils n'ont pas de place où aller, alors ils sont recueillis par ces groupes-là. Le commandant et ses soldats se voyaient comme des combattants qui luttent contre le gouvernement pour la justice, les paysans et les pauvres. J'ai essayé d'éveiller les jeunes gardes un peu. Je leur disais: *Vous ne lisez pas les journaux? Le communisme et le marxisme, c'est fini depuis longtemps!* Je les ai "achalés" durant tout le temps qu'ils nous ont escortés, tellement qu'à un moment donné le commandant s'est aperçu que je faisais du lavage de cerveau à ses jeunes et il leur a interdit de me parler», dit-il.

Outre la rigueur des conditions dans lesquelles il se trouve, Boulanger ne se sent nullement menacé par ses ravisseurs qui sont polis et agissent de manière très professionnelle, allant même jusqu'à procurer des cigarettes au compagnon du pilote lorsque ce dernier en réclame. Les rebelles mangent les mêmes repas que leurs otages. Ils n'ont pas le droit de boire une goutte d'alcool et une discipline de fer règne dans leurs rangs.

À ce sujet, le pilote se souvient d'un épisode à l'issue implacable survenu vers la fin de leur aventure. «Durant l'une des dernières nuits, un gardien âgé d'environ 19 ans dont c'était le tour de garde s'est endormi. Je lui avais parlé souvent. Plus tard, je me suis rendu compte que je ne le voyais plus et j'ai demandé où il était passé. On m'a dit qu'ils l'avaient passé en cour martiale pour s'être endormi en service Et pour une telle faute, le verdict, c'est la mort. Ils lui ont fait un procès et ils l'ont exécuté», raconte Boulanger avec tristesse.

Vraisemblablement signe que l'affaire a assez duré, la jungle elle-même envoie aux ravisseurs et à leurs otages un message signifiant qu'elle ne veut plus de leur présence en son sein. Le dernier soir, en effet, une horde de singes perchés dans un bosquet au milieu duquel le peloton a établi son campement lui lancent des excréments. De la chance, paraît-il. Cela doit être vrai car le lendemain matin, le commandant Camilio annonce qu'une entente a été conclue et les otages montent à bord d'un camion militaire qui, après un autre trajet éprouvant de trois heures sur un chemin cahoteux, arrive finalement dans un village situé à une cinquantaine de kilomètres de Tame, point de départ de cette rocambolesque aventure. On est le lundi 28 février 2000. Tout au long de sa captivité, Boulanger a tenté de connaître sa position en observant le soleil ou le passage des avions, dans l'espoir de fuir. Mais ce trajet de trois heures en camion avant d'arriver à la civilisation lui fait réaliser qu'il aurait été peine perdue de mettre son projet à exécution.

Boulanger saute hors du camion. Il a à peine le temps de toucher le sol qu'une femme se jette dans ses bras en criant. C'est son coup de foudre qui est venu le retrouver, en compagnie de l'épouse de l'autre otage. Les deux hommes l'ignoraient, mais les deux femmes accompagnaient les négociateurs du cartel depuis quelques semaines. À un certain moment, elles ont même essuyé des coups de feu en tentant de retrouver leurs conjoints dans la jungle.

Selon Boulanger, peu après leur capture, ses patrons ont convoqué les commandants des FARC à Medellin. Par la suite, ceux-ci ont mandaté leur commandant à Arauca pour entamer les négociations avec l'ELN. Les FARC ont durci le ton envers le groupuscule marxiste qui, cette fois-ci, n'a pas enlevé des touristes ou des ingénieurs étrangers, mais des individus avec lesquels ils travaillaient. L'ELN reprochait à Boulanger et son compagnon d'avoir travaillé sur leur territoire sans sa permission, mais les FARC ont répliqué que c'était un imprévu qui les avait amenés à Tame. Il y a eu plusieurs rencontres de négociations dans des endroits différents durant ces deux mois. Au départ, la rançon exigée était de cinq millions de dollars. Elle a chuté à 500 000 $ pour finalement s'établir à 150 000 $. Elle a été versée par les narcotrafiquants sous forme de vacuna («vaccin»), une sorte de permis et de contribution à la cause plutôt qu'une rançon. Comme il se doit, Boulanger et son compagnon ont été examinés pour s'assurer qu'ils n'avaient pas trop souffert avant qu'une poignée de main scelle l'entente. Puis, tout le monde – otages, membres de leurs familles, ravisseurs, représentants de l'ELN, des FARC et des narcotrafiquants – ont célébré la conclusion de l'affaire à la même table.

«On a mangé des œufs, du riz, des fèves et du bacon. J'ai bu à peu près deux pots de café à moi tout seul. J'étais en manque de caféine. C'était comme un *business deal*. Tout le monde était content et s'est donné la main. Après le règlement, les représentants de l'ELN ont dit aux patrons du cartel qu'ils avaient carte blanche sur leur territoire, qu'eux aussi avaient de la bonne coke et que si les narcotrafiquants voulaient travailler dans leur territoire, le "vaccin" était payé. *Je pensais que vous étiez marxistes mais le profit vous intéresse aussi* », signale alors Boulanger ironiquement à l'un de ses ex-ravisseurs.

Après le festin, ses patrons l'amènent sur leur ranch privé à bord d'un luxueux 4x4 Toyota dont il se souvient encore avec douceur de l'air climatisé régnant dans l'habitacle. Durant le trajet, un ami lui tend une bouteille d'alcool. « C'était la première fois de ma vie que je buvais du scotch à 11 heures le matin », se rappelle-t-il. Le pilote passe deux jours à se reposer dans cette oasis de paix. Le mercredi matin, il annonce à son entourage qu'il retourne à Medellin, en reprenant l'avion à Tame. Mais une amie, qui a ses sources dans la police et le milieu politique, tente de l'en dissuader car elle a entendu dire qu'un mandat d'arrestation avait été lancé contre lui, à la demande de l'ambassade canadienne à Bogota. Boulanger ne prend pas l'avertissement au sérieux. Il aurait dû…

*

Lorsque le personnel du Dornier Do 28, dont le pneu avait crevé à Tame le 28 janvier, s'est rendu compte qu'un Canadien du nom de Raymond Boulanger manquait à l'appel, il a avisé la compagnie aérienne qui, à son tour, a alerté l'ambassade du Canada à Bogota. Le nom du pilote apparaissait sur son passeport et sur la liste des passagers, et c'est de cette façon que les autorités canadiennes ont su où se trouvait le célèbre fugitif. Alors que Boulanger luttait contre les araignées dans la jungle, la GRC tissait sa toile, bien déterminée à le capturer.

Le pilote, son compagnon de captivité et leurs femmes arrivent à l'aéroport et sortent à peine leurs bagages de leur voiture que quatre VUS noirs s'immobilisent brusquement tout près d'eux. « Ça n'a pas pris 10 minutes, les agents secrets de la DAS (Departamento Administrativo de Securidad) sont arrivés. Ils m'ont montré des papiers avec mon nom et ma photo », raconte le Rimouskois.

— Est-ce bien vous ? demande le chef.

– Oui, répond simplement le pilote.

– OK, veuillez nous suivre, ordonne fermement le policier, en s'adressant également aux compagnons de Boulanger.

À bord des quatre VUS dans lesquels on aurait pu entendre une mouche voler, le quatuor est amené sur une base militaire tout près de Tame. À partir de ce moment, une course contre la montre s'engage entre les autorités et les alliés du pilote. Les policiers relâchent les compagnons de Boulanger, mais sa conjointe refuse de l'abandonner. Libre, l'ami du pilote communique avec des avocats. Ceux-ci se présentent à la base militaire mais ne peuvent voir Boulanger puisqu'ils n'ont aucune juridiction sur le territoire de l'armée. Ils déposent néanmoins une action d'urgence devant la Cour supérieure de Colombie.

En début de soirée, Boulanger et sa femme quittent la base militaire, toujours escortés par la police secrète, pour un hôtel de Tame. Ils sont ensuite placés dans une chambre dont la porte est gardée par deux agents armés. À 4 heures de la nuit, un homme fait brutalement irruption dans la chambre, faisant sursauter le couple durant son sommeil.

«Suivez-nous. On s'en va», dit l'intrus d'un ton autoritaire à Boulanger. La femme de ce dernier proteste. Les agents lui demandent de s'en aller, mais pour celle-ci, il n'est pas question d'abandonner son amoureux. «J'ai dit à ma blonde : *Pour qu'on m'emmène à 4 heures du matin, il se passe quelque chose. C'est un enlèvement*», décrit le pilote.

Encore une fois, le couple monte à bord d'un véhicule sombre qui prend le chemin de la même base militaire que la veille. Cette fois-ci, la femme ne peut suivre son conjoint qui est placé en cellule. Elle court avertir le compagnon de captivité de Boulanger qui prévient de nouveau les avocats. Par l'unique fenêtre carrelée des barreaux de sa cellule, Boulanger aperçoit un petit avion de la police sur le tarmac de la base. Il se dit que c'est pour lui. Son instinct lui donne raison. Quelques minutes plus tard, on le fait monter à bord de l'appareil dans lequel l'attendent le pilote et trois membres de la DAS. Les policiers ont beau être lourdement armés, ce n'est pas un canon qu'ils pointent vers Boulanger mais un document et un crayon.

– Signez! C'est un formulaire qui dit que nous avons respecté vos droits et que nous ne vous avons pas torturé, dit l'un des policiers.

– Je ne signerai pas tant que tu n'iras pas chercher mon *chum* à l'hôtel et que tu ne l'amèneras pas ici. Lorsqu'ils vont savoir que vous êtes en train de me kidnapper, je vais le signer ton maudit papier et on va voir ce qui va se passer, répond le prisonnier.

Ses dernières volontés sont exaucées. Ses amis se présentent à l'avion et assistent à la signature du document. Alors que l'avion filera vers Bogota, les fidèles de Boulanger remettront le document aux avocats, croyant que tout espoir n'est pas encore perdu.

Après une heure de vol, le pilote atterrit à Bogota. Ses escortes lui font traverser une zone sécurisée puis le font monter à bord d'une camionnette aux vitres teintées qui prend le chemin du quartier général de la police. Toujours accompagné par les trois mêmes hommes de la DAS, Boulanger entre dans l'imposant bâtiment par le garage souterrain et est conduit dans une cellule du 11e étage pour y passer la nuit. Le lendemain matin, on le fait comparaître devant un officier aux multiples distinctions et épaulettes dorées.

«Le colonel me dit qu'il y a un ordre d'expulsion contre moi parce que j'ai été impliqué dans un transport de cocaïne au Canada. Il avait visiblement de l'information fournie par la GRC. Il m'explique que ce n'est pas une extradition mais une déportation, et qu'ils suspendent mon permis de résidence en Colombie pour cinq ans pour activités de narcotrafic», ajoute le pilote.

Pendant que se déroule cette comparution peu commune, les avocats du pilote, qui ont en main une décision favorable de la Cour supérieure, se présentent à bout de souffle à la réception du quartier général de la police. Mais le préposé qui les accueille dit ne pas savoir où se trouve le prisonnier et envoie les visiteurs vers un autre bureau. Mais il est trop tard. Après avoir défilé devant le colonel, Boulanger est amené dans une grande salle.

« C'était une sorte d'auditorium avec une scène et au mur, il y avait un gros logo de la DAS. On pouvait lire en espagnol *Departemento Administrativo Securidad*. Il y avait plein de journalistes et de photographes. J'avais un policier de chaque côté avec le gros logo en arrière et là, clic, clic, clic, ils m'ont photographié. Ça n'a pas pris cinq minutes qu'ils m'ont ramené dans une salle où il y avait une télévision. J'ai levé la tête et j'étais déjà aux nouvelles », raconte-t-il.

Le temps d'avaler une bouchée, Boulanger monte de nouveau à bord d'une fourgonnette qui l'amène jusqu'à l'aéroport de Bogota. Deux membres de la DAS l'escortent jusqu'à un avion d'Aeromexico. Selon la loi colombienne, un individu qui est déporté doit être renvoyé au dernier endroit par lequel il est entré au pays. Or, avant d'être capturé par les rebelles, au début du mois de janvier, il avait effectué un vol vers la Colombie à partir de Santiago, au Chili. Ses espoirs renaissent. En voyant l'avion d'Aeromexico, il croit qu'il sera envoyé dans la patrie du dictateur déchu Augusto Pinochet. Mais il déchante rapidement lorsqu'il voit arriver un homme, les cheveux en bataille, qui se presse en semant sur son chemin quelques feuilles qui s'échappent de la pile de documents qu'il transporte. C'est un enquêteur de la GRC attaché à l'ambassade canadienne à Bogota. Il annonce au pilote qu'il part avec lui pour Mexico, puis pour Toronto. Boulanger retournera donc entre les mains des autorités canadiennes auxquelles il a fait faux bond 20 mois plus tôt.

Lorsqu'il avait été enlevé par l'ELN à Tame, Boulanger avait laissé ses bagages dans l'appareil. Les policiers colombiens y avaient retrouvé les notes de repérage des pistes de la Gaspésie et de la Côte-Nord qu'il avait effectué au commencement de sa cavale, et les avaient remises à la GRC. Durant le voyage de retour, le policier fédéral qui escorte le pilote les lui exhibe. «Je me souviens qu'il avait trouvé ça extrêmement professionnel. Il avait fait des commentaires et dit que c'était très technique. Je lui ai dit que c'était pour quand j'allais à la pêche», dit Boulanger, sourire en coin.

Le pilote raconte que les policiers de la DAS ont coupé ses cartes de crédit en deux, lui ont pris 4000 $ qu'il avait sur lui mais lui ont laissé son passeport. Avec ce document officiel prouvant sa citoyenneté, il croit pouvoir échapper à la justice en arrivant à Mexico et menace le policier qui l'accompagne qu'il partira aussitôt qu'il aura touché le sol mexicain. «Ce que vous faites, on appelle ça un kidnapping chinois», lance-t-il, indigné.

Mais Boulanger sait bien que ses menaces ne sont que de la poudre aux yeux. Lorsque l'appareil atterrit à Mexico, quatre policiers envoyés par Interpol l'accueillent à sa sortie. On le fait une nouvelle fois monter à bord d'un véhicule et il est amené au quartier général de la police internationale dans la capitale mexicaine, où il est enfermé en cellule. À minuit, il est réveillé et ramené à l'aéroport où le rejoint son accompagnateur de la GRC. Les deux hommes arriveront à Toronto sur un vol régulier de Canadian Airlines. Le petit jet de la GRC est déjà à l'aéroport Pearson et attend son illustre prisonnier. Boulanger arrivera à l'aéroport international de Dorval aux petites heures du matin. Il sera ensuite amené au quartier général de la GRC, rue Dorchester à Westmount, mais l'interrogatoire sera très bref, le prisonnier se montrant peu collaborateur après avoir vécu sa part d'émotions fortes depuis deux mois.

En fin de matinée, le pilote entend grincer les portes du pénitencier Leclerc où il est enfermé pour non-respect des conditions. Comme pour les détenus de son ancienne maison de transition que les policiers venaient chercher en pleine nuit, sa libération conditionnelle est suspendue.

Chapitre 12
La poudre... d'escampette

À son arrivée au pénitencier de Laval, Raymond Boulanger est envoyé en « post-suspension » dans l'aile réservée aux individus dont la libération conditionnelle a été suspendue. Une fois arrêtés, ces derniers doivent défiler de nouveau devant les commissaires aux libérations conditionnelles dans les 90 jours. Ils peuvent toutefois se désister de ce droit. C'est ce que fait Boulanger, qui sait très bien qu'il n'a aucune chance devant les commissaires. De plus, le pilote n'apprécie pas de devoir partager sa cellule avec un autre détenu et veut quitter au plus vite ce pavillon qu'il qualifie de « sale ».

Au début du printemps 2000, il est transféré au pénitencier à sécurité moyenne de Cowansville où il arrive bourré de mauvaises ou de bonnes intentions, tout dépend de quel côté des murs on se situe. « Pour moi, il n'était pas question de commencer à faire de la peinture ou d'autres trucs comme ça. Tout ce que j'avais dans la tête, c'était d'organiser mes flûtes pour filer », dit le pilote.

Mais Boulanger devra attendre le moment propice et montrer patte blanche d'ici là. En raison d'une restructuration dans les pénitenciers, une douzaine de membres et de sympathisants des Rock Machine, qui se trouvaient à Cowansville, sont transférés à Archambault et le pilote remplace l'un des motards de la section de Québec en tant que préposé aux nouveaux arrivants. C'est par autobus que des détenus arrivent du pénitencier de Drummondville pour s'établir à Cowansville et Boulanger leur fait faire le «tour du nouveau locataire» en leur montrant les lieux et en leur expliquant comment fonctionnent les services.

Huit mois à peine après son retour spectaculaire au pays, Boulanger est transféré dans le pénitencier minimum de Sainte-Anne-des-Plaines en raison de son bon comportement. Mais aussitôt, il entre en conflit avec la direction qui, dit-il, oblige les nouveaux détenus à travailler durant six jours aux cuisines, tout en ne les rémunérant que pour cinq jours. Pour une «question de principe», le pilote dépose un grief et menace la direction d'un recours collectif en Cour supérieure au nom de tous les détenus canadiens. Mais au bout de quelques semaines, après des discussions, la crise se résorbe. Boulanger retire son grief et la direction fait de même avec son rapport disciplinaire négatif. Vraisemblablement pour qu'il ne soulève plus de poussière, Boulanger est affecté au gymnase, un travail qui l'occupe 10 minutes par jour, pour le même salaire quotidien de 6,90 $.

À Sainte-Anne-des-Plaines, Boulanger retrouve le président de son *fan club* de peinture, ce détenu qui lui a acheté beaucoup de toiles. Il renoue également avec ses marches de plusieurs heures sur le terrain ouvert du complexe carcéral et se permet quelques excursions en patins à roues alignées ou en vélo sur le long chemin qui relie la route à la prison. Un jour, une balle de golf roule lentement près de lui. Elle a été frappée par un autre détenu en qui Boulanger reconnaît un influent lieutenant de la mafia italienne de Montréal impliqué dans l'importation ratée de 4000 kilos de cocaïne à Casey. Boulanger ne l'avait jamais rencontré avant les événements de novembre 1992, mais le pilote avait su par la suite qui il était et quel rôle il avait joué. Tous les jours, le mystérieux détenu frappe des balles, seul, sur le terrain de la prison. Depuis quelques semaines, les deux hommes se regardent comme des chiens de faïence. C'est à qui fera les premiers pas pour aller vers l'autre. Boulanger est celui qui marche sur son orgueil.

– Est-ce que tu sais qui je suis ? demande le pilote.

– Oui, répond l'autre.

– Tu attends quoi pour m'expliquer pourquoi ta *cr… de gang* n'était pas au bout de la piste le fameux matin de Casey ? lui lance Boulanger, sans détour.

Selon le pilote, l'homme lui explique que les émissaires envoyés par la mafia ont entendu des communications radio rapportant que l'avion avait été intercepté par les F-18, qu'ils avaient alors cru que les carottes étaient cuites et avaient donc quitté les lieux. « C'était carrément faux. Premièrement, personne ne parlait à la radio, surtout pas nous autres. On avait donné l'ordre d'un silence radio total. Deuxièmement, on n'avait parlé à personne des interceptions aériennes. Et troisièmement, la police a attendu longtemps avant d'annoncer la saisie de l'avion et l'arrestation des suspects. Je lui ai dit : *Tout ça, c'est de la bullshit. Pourquoi tu as renvoyé tes hommes le soir alors qu'ils ont sacré le camp à 7 h 30 le matin parce qu'ils croyaient que l'avion avait été intercepté ? De plus, penses-tu que de renvoyer des gars avec quelques réservoirs d'essence et 15 000 $, c'était assez ? Avec ça, j'en avais seulement assez pour démarrer les moteurs et les arrêter* », raconte le Rimouskois.

Entre deux coups de bois numéro 3, l'Italien promet à Boulanger de vérifier ses dires. Par la suite, les deux hommes ont plusieurs discussions au cours desquelles les choses se tassent. Selon le pilote, l'inconnu lui a même donné ses adresse et numéro de téléphone pour qu'il vienne le voir, une fois libre, pour régler le litige. Mais le pilote n'y a jamais donné suite. « Je me suis dit : *Va-t-il me payer ou me sacrer une balle dans la tête ? Je ne veux pas approcher ce monde-là. Ils ne sont pas honnêtes. Ils ne paient pas leurs bills.* C'est la réputation qu'ils ont même auprès des cartels », juge durement le pilote. Il faut préciser également que Boulanger avait d'autres projets une fois qu'il aurait goûté à la liberté.

À Sainte-Anne-des-Plaines, les responsables de gestion de cas se suivent et ne se ressemblent pas pour Boulanger, qui s'en plaint. Il souhaite pouvoir de nouveau défiler devant les commissaires aux libérations conditionnelles en septembre, mais la direction de la prison le prévient qu'elle ne l'appuiera pas et qu'il ne sera pas recommandé, dit-il. « Je voyais la *game* se dérouler sous mes yeux. Ils disaient qu'ils ne me connaissaient pas mais ils n'avaient qu'à lire mon dossier. Quand j'ai vu ça, j'ai dit : *Là, ça va faire, je ne niaiserai pas longtemps ici.* Si je n'avais pas été kidnappé par l'ELN, je serais encore en Colombie et ils ne m'auraient jamais revu. Je sais que si je retourne là-bas, ils ne me retrouveront pas. Depuis quelques semaines, j'avais droit à des sorties et j'ai arrangé ça », explique Boulanger.

Le vendredi 6 juillet 2001, comme il le fait depuis quelques semaines, le pilote effectue des travaux de rénovation au presbytère de la paroisse Saint-Hermas, rue Lalande à Mirabel, au nord de Montréal. Il a noté que le surveillant s'éclipse vers 11 heures pour ne revenir que vers 14 heures. Il vient de terminer l'installation d'une boîte électrique lorsque, à midi pile, une voiture avec deux hommes à bord s'immobilise devant le bâtiment. Lentement, sous les yeux de codétenus, le pilote se dirige vers la rue comme si de rien n'était, s'engouffre dans la voiture et disparaît.

Une demi-heure après, le fugitif, qui a alors 53 ans, respire ses premiers moments d'une liberté retrouvée trois ans, presque jour pour jour, après sa première évasion. Il brandit un verre à la santé de ses libérateurs, confortablement assis dans le divan d'un chalet de Saint-Sauveur, en compagnie de sa conjointe colombienne. Celle-ci est arrivée au Québec depuis les Fêtes et l'a visité à plusieurs reprises en prison. Comme il l'avait fait la première fois, Boulanger avait donné à des « proches » des directives pour lui permettre de s'évader et lui trouver une cache dans laquelle vêtements, nourriture et argent l'attendraient. Le couple demeure dans la municipalité des Laurentides durant environ un mois et demi. Les premières semaines de la cavale sont principalement écoulées à jouer aux cartes dans le chalet. Mais Boulanger et sa conjointe risquent quelques sorties dans la collectivité. Ils se perdent dans les foules des festivals de Montréal et se fondent parmi les touristes de Québec et de Toronto. Boulanger, qui s'est une nouvelle fois teint les cheveux, se rend à quelques reprises dans les centres commerciaux de Saint-Sauveur mais y renonce rapidement, de crainte de croiser un employé du complexe de Sainte-Anne-des-Plaines.

« À un moment donné, mon évasion a été connue et on n'arrêtait pas d'en parler aux nouvelles. Au bout de quelques semaines, les policiers et les responsables de la prison disaient qu'avec toutes les ressources que j'avais, j'étais rendu très loin. Je trouvais ça comique », dit le pilote.

À la fin de l'été, Boulanger et sa conjointe s'installent dans un condo du même immeuble de la rue Sainte-Famille, à Montréal, où le pilote s'était terré après sa première évasion. Ils vivent comme des touristes et se rendent contempler « les couleurs » dans les Laurentides. Mais Boulanger, qui attend un nouveau passeport et d'autres documents contrefaits, reprend le collier. Il recouvre quelques dettes qui traînent ici et là. Il se rend illégalement en Floride pour « liquider et régler » certaines affaires. Pour entrer aux États-Unis, le pilote quitte en bateau la municipalité de Saint-Anicet, au sud-ouest de la métropole, et file sur le Saint-Laurent jusqu'à la réserve amérindienne de Saint-Régis-Akwesasne. Des complices le conduisent ensuite en voiture jusqu'à l'aéroport de Newark, au New Jersey, où il prend l'avion pour Miami ou Fort Lauderdale. Lorsqu'il revient au Québec, Boulanger atterrit à New York et prend le train jusqu'à Plattsburgh, puis monte en voiture jusqu'à la réserve d'Akwesasne et rentre à Montréal de la même façon qu'il en est parti.

Alors qu'il se trouve en Floride au début du mois de septembre 2001, Boulanger reçoit la visite d'un émissaire de Montréal qui l'informe qu'un groupe criminel de souche irlandaise a besoin d'un pilote pour conduire un avion affrété rempli de 800 kilos de cocaïne de la Jamaïque jusqu'en Ontario. Les trafiquants tentent le coup une seconde fois. Ils ont en effet réussi une importation similaire quelques semaines plus tôt, mais le commandant de l'appareil a été questionné par les autorités sur sa radio peu après le décollage. «Ils l'ont interrogé sur son plan de vol. Une fois qu'il avait été interpellé, il tombait automatiquement dans le système de surveillance aérienne américaine. Dès que tu es là-dedans, tu es brûlé. Si tu essaies encore d'utiliser l'appareil avec le même enregistrement, tu seras soupçonné et tu auras 95 % des chances d'être intercepté à l'arrivée. Tu n'as pas besoin de ça. Quand on fait des affaires, on les fait clandestinement. On n'a pas besoin de plan de vol», dit Boulanger.

Le pilote ne «sent» pas l'affaire mais se rend tout de même rencontrer un responsable de l'organisation à Montréal. Avant même de commencer les discussions, Boulanger exige 50 000 $. Il aura 100 000 $ de plus pour ses services qui seront toutefois bien limités. La rencontre se déroule devant la Place des Arts. L'homme explique que le plan est de larguer la drogue sur une piste à Barrie, à 65 kilomètres au nord de Toronto, avant que l'appareil atterrisse dans la Ville Reine. Boulanger réfléchit et hésite. Il rencontre plusieurs fois les trafiquants qui insistent, lui offrant jusqu'à deux millions de dollars. «C'était mal planifié. J'ai été arrêté à Casey car ce n'est pas moi qui ai organisé les opérations à l'arrivée. Si c'était moi qui avais mis ma "gang" là, le coup aurait réussi», conclut Boulanger qui refusera instinctivement la proposition.

Ce que Boulanger ne sait pas, c'est que les policiers de la GRC de la région de Hamilton sont déjà sur le coup. Ils se penchent, dans le cadre d'une enquête baptisée Olco, sur plusieurs projets d'importation de cocaïne, de haschisch et de marijuana en provenance du Panama, du Chili, de la Colombie et des

Caraïbes dans lesquels des proches des Hells Angels et du gang de l'ouest de Montréal seraient impliqués. Les enquêteurs ontariens demandent l'assistance de leurs collègues montréalais pour surveiller les allées et venues d'un certain Dean Roberts qui aurait, soupçonnent-ils, organisé une importation de 300 kilos de cocaïne à Barrie en octobre 2000.

Un jour, les enquêteurs des stupéfiants de la GRC de Montréal sont amenés dans un hôtel de Toronto où les comploteurs doivent se rencontrer. Ils truffent de micros la chambre dans laquelle la réunion aura lieu et prêtent une oreille attentive. Sur l'écoute, il est souvent question d'un mystérieux individu surnommé «Cowboy» qu'ils sont incapables d'identifier. Une fois la rencontre terminée et les suspects dispersés, ils entrent dans la chambre et saisissent divers objets manipulés par les individus pour les faire analyser. Quelques jours plus tard, des expertises effectuées sur un verre confirmeront l'identité du fameux «Cowboy» : les empreintes laissées sont celles de Raymond Boulanger.

Le pilote n'a jamais su qu'il avait fait l'objet d'une telle attention de la police. C'est *La Presse* qui le lui a appris récemment. Il ne se souvient pas précisément de quelle rencontre il s'agissait. Il se rappelle toutefois avoir rencontré des membres d'un cartel colombien et un banquier privé dans une chambre d'hôtel de Toronto. La discussion portait sur le lessivage d'argent. L'un des participants à cette rencontre a été arrêté en mai 2003 dans une affaire d'importation à Vancouver à la suite de la saisie d'un bateau transportant une tonne et demie de cocaïne au large du Costa Rica.

Après deux ans d'investigation, les enquêteurs de l'opération Olco ont arrêté une quarantaine de personnes, dont un ancien cochambreur de Boulanger en maison de transition, et saisi pour 100 millions de dollars de drogues en juillet 2002. Dean Roberts a été condamné à près de 18 ans de prison l'année suivante pour sa participation à sept complots d'importation et trafic de cocaïne et de cannabis. Boulanger, lui, n'a jamais été arrêté et accusé dans aucune de ces affaires. Peut-être parce qu'il était insaisissable. Pourtant, la GRC l'identifiera une autre fois durant sa cavale, comme nous le verrons plus tard. Peut-être aussi que les policiers, qui se doutaient bien que l'arrestation de ce célèbre fugitif ferait les manchettes, ne voulaient pas compromettre les enquêtes en cours. On ne le saura jamais.

Alors qu'il sera à Cancun dans les mois suivants, Boulanger sera de nouveau approché par une organisation de Montréal qui possède 1000 kilos de cocaïne en Colombie. Elle demandera à Boulanger d'organiser la sortie de la drogue du pays et son transport dans les Caraïbes. Le pilote louera un avion et une embarcation rapide qu'il immobilisera au Panama durant un mois. Il versera également environ 120 000 $ aux paramilitaires pour acheter leur silence. Mais l'opération n'aura finalement jamais lieu.

C'est en décembre 2001 que Boulanger et sa conjointe déménagent leurs pénates au Mexique. Le couple possède une maison à Cancun et une autre à Cuernavaca, près de Mexico. Boulanger dit avoir hérité de cette dernière en guise de paiement pour un service rendu. Elle est située dans un ghetto protégé où voisinent plusieurs gros trafiquants. C'est dans ce pays que le pilote travaillera dorénavant. Ses employeurs seront des narcotrafiquants colombiens qui ont une clientèle établie de grossistes mexicains, particulièrement dans la région de Guadalajara, deuxième ville en importance du pays.

Encore une fois, son mandat principal est d'aménager de nouvelles pistes suffisamment grandes et solides pour permettre le décollage et l'atterrissage de gros avions transportant de 800 à 1200 kilos de cocaïne. Sa tâche est particulièrement ardue lorsque ses employeurs décident de créer de toutes pièces de nouvelles pistes dans la jungle vierge et inaccessible du nord du Guatemala, à la frontière avec le Mexique.

« On partait de Ciudad de Carmen, dans le bas du golfe du Mexique, et on roulait durant deux heures et demie dans une camionnette avant d'arriver dans un tout petit village. On couchait sur une ferme. C'était la campagne profonde et les gens y vivaient comme il y a 200 ans, pieds nus, parmi les poules et les chèvres. On partait sur des véhicules tout-terrain (VTT) de très bonne heure le lendemain matin et ça prenait presque quatre heures avant d'entrer illégalement au Guatemala. On avait des réservoirs d'essence que l'on traînait avec nous. On arrivait à la piste et on sortait la drogue des avions. Il y en avait jusqu'à 1200 kilos qu'on attachait avec des filets sur des remorques que tiraient les VTT. On revenait au Mexique de la même façon que nous en étions sortis et la drogue était ensuite transférée dans des véhicules et acheminée à Guadalajara », raconte Boulanger.

Pour faciliter les opérations dans la jungle du Guatemala, il suggère à ses patrons d'équiper les avions de pneus ballon pour atterrir sur des pistes accidentées et courtes, et d'effectuer des voyages de 500 kilos de cocaïne chaque fois en lieu et place des interminables et éprouvants déplacements en VTT. Le pilote se prépare également à effectuer un vol de 2400 kilos de cocaïne sur un DC-3 pour des clients mexicains. Il fait drainer la piste où il doit atterrir. Tout est prêt pour le décollage. Mais ces deux projets se réaliseront avec un autre pilote.

*

À la fin de juillet 2002, la santé du père de Boulanger décline. Il souffre de graves problèmes cardiaques qui obligent son fils à se rendre à son chevet, à Montréal, et à désigner quelqu'un pour subvenir à ses besoins et s'occuper de son entrée à l'Hôpital des Anciens combattants de Sainte-Anne-de-Bellevue. Le temps presse. Pas question cette fois-ci d'utiliser des voies clandestines pour rentrer au Canada. Boulanger prend un vol normal vers Montréal et atterrit à l'aéroport de Dorval. Aux douaniers, il exhibe son passeport sur lequel apparaît le nom de John Thomas Weithcombe.

Ce nom est celui d'un citoyen canadien, ancien résidant de Toronto et trafiquant blanc de la Jamaïque, jamais arrêté et mort depuis plusieurs années. Au cours de sa carrière de pilote mercenaire, Boulanger utilisera une dizaine d'identités dans lesquelles le prénom de John apparaîtra la plupart du temps. «J'ai des copains, des anciens de la CIA, qui sont capables de fabriquer toutes sortes d'identités. J'avais toujours environ cinq "sets" de documents dans de grosses enveloppes : passeport, documents personnels, etc., prêts à être utilisés en cas de besoin. Les dates de naissance pouvaient me rajeunir de 15 ans car j'ai toujours paru moins vieux que mon âge. Je choisissais toujours John car c'est mon premier prénom. Ainsi, si quelqu'un m'appelait John, je savais qu'il me parlait et ne s'adressait pas à un étranger», explique-t-il.

N'empêche que ce jour-là, les douaniers de l'aéroport donneront tout de même quelques sueurs froides au pilote. «Ils ont pris mon passeport et sont partis avec dans un bureau. J'ai aperçu comme des vitres doubles. Je ne stresse jamais, j'aime ces affaires-là, c'est bon pour l'adrénaline ! J'ai pris une revue que j'avais dans mon sac et j'ai commencé à la feuilleter, en attendant. Je les observais du coin de l'œil. Je savais qu'ils me regardaient. J'avais l'air de rien. Ils sont revenus et m'ont redonné mon passeport. Ils ont mis des gants et fouillé dans mon sac. Ils l'ont ensuite passé dans une machine pour être certains qu'il n'y avait rien. Ils ont fini en me tendant mon sac et me disant : *Merci et bienvenue au pays*», décrit Boulanger. Mais par ces quelques mots anodins, c'est un mauvais sort que les agents frontaliers jetteront au pilote. Le compte à rebours est en effet commencé : il ne lui reste que sept jours de liberté.

Tant qu'à être au Canada, Boulanger désire voir ses deux enfants qui se trouvent alors dans la région d'Edmonton avec leur mère. Alors qu'il marche rue Sainte-Catherine, en face de l'ancien magasin Eaton, il passe devant un comptoir de la compagnie Western Union. Il se dit qu'il pourrait en profiter pour envoyer de l'argent à la compagnie torontoise auprès de laquelle il achète normalement ses billets d'avion. Des transactions postdatées en argent comptant et sans reçus, voilà qui est idéal pour ne pas laisser de traces. Habituellement, Boulanger mandate son comptable pour effectuer ce genre de transactions, même anodines. Sauf que cette fois-ci, exceptionnellement, il ne met pas en pratique les règles qu'il s'est toujours imposées. Toujours très prudent de nature, il baisse la garde en cette fin de matinée du mercredi 7 août 2002.

«Je voulais envoyer 1000$ pour me rendre à Edmonton, puis revenir vers Toronto et retourner au Mexique. Lorsque je suis entré, l'employée m'a demandé de m'identifier. Comme un *cave*, j'ai oublié que pour un envoi de moins de 1000$, je n'avais pas besoin de m'identifier. J'avais déjà transféré de l'argent avec mon passeport et je ne voulais pas m'en servir une autre fois. Je lui ai donc remis mon faux permis de conduire», dit-il.

L'employée prend la carte et disparaît dans son bureau. Cinq ou six minutes s'écoulent sans qu'elle réapparaisse. Boulanger, qui tient ses 1000$ dans la main, commence à s'impatienter. Soudain, deux patrouilleurs en uniforme de la police de Montréal font irruption dans le commerce. L'un d'eux reste près de la porte pendant que l'autre entre dans le bureau. Au bout d'une minute, il en ressort avec le permis de conduire de Boulanger.

– C'est à vous ça? demande le patrouilleur.

– Oui, c'est ma face, répond tout bonnement le pilote.

– C'est peut-être votre vrai nom, mais c'est un faux permis. Vous le savez?

Boulanger fait la moue en guise de réponse.

– Avez-vous d'autres identités? demande encore le policier à Boulanger qui sort alors de son portefeuille son faux passeport et une licence de pilote avec photo.

– C'est louche. On vous arrête pour usage de faux et on vous amène au poste pour confirmer votre identité, dit l'agent.

Les deux policiers font asseoir Boulanger à l'arrière de leur auto-patrouille et le conduisent au Centre opérationnel sud, rue Guy. Il demeure seul à bord du véhicule durant environ une heure, dans le garage souterrain du poste, à méditer. Soudain, des bruits de pas le libèrent de ses pensées. Il est conduit dans un petit local où, quelques minutes plus tard, il est rejoint par un enquêteur.

– Ah ben! Regarde donc qui est là! Raymond Boulanger, comment ça va? Ça fait un bail! lance le policier, triomphant.

« Il trouvait ça amusant. Il était tout excité comme s'il avait frappé le *jackpot* », se souvient le pilote. Le policier lui annonce qu'il est en état d'arrestation pour liberté illégale. Cette seconde cavale du pilote aura duré exactement 13 mois, soit beaucoup moins longue que la première.

Le pilote est menotté et envoyé en cellule. En fin d'après-midi, il reçoit la visite de deux enquêteurs de la GRC, dont l'un lui demandera s'il se souvient de lui à Cancun. Boulanger dira non et ne comprendra pas sur le moment. Deux ans plus tard, un codétenu lui apprendra qu'il avait été filé par les fédéraux mexicains et photographié à l'aéroport de Cancun alors qu'il attendait, debout près de son véhicule, un ami venu lui rendre visite. Selon ce codétenu, le nom de Boulanger ainsi que celui du parrain de la mafia montréalaise Vito Rizzuto seraient sortis durant cette enquête portant sur une affaire de complot et d'importation de drogue. Il semble également que la fausse identité du pilote, John Thomas Weithcombe, ait été « brûlée » à la suite de cette affaire dans laquelle Boulanger nie toutefois toute implication. Du côté de la GRC, on nous a confirmé que des conversations captées entre Boulanger et un proche entre le 19 décembre 2001 et le 7 avril 2002 avaient permis de déterminer que le pilote se cachait au Mexique.

La police fédérale indique également que la présence de Boulanger au Mexique a été ensuite confirmée par de la surveillance à Cancun.

Après la visite des enquêteurs de la GRC, Boulanger demeure dans sa cellule du Centre opérationnel sud jusqu'à ce que deux policiers de Mirabel viennent le chercher. C'est en effet dans ce district que Boulanger s'est évadé il y a plus d'un an et c'est donc au palais de justice de Saint-Jérôme qu'il comparaîtra. En sortant du poste de police de Mirabel pour se rendre à son audience, Boulanger est de nouveau mitraillé par les flashs et bombardé de questions par l'armée de photographes, caméramans et reporters qui l'attendent.

– Qu'est-ce que vous avez fait durant votre cavale, M. Boulanger ? demande un des journalistes.

– J'ai fait comme tout le monde, j'ai travaillé, répond du tac au tac le pilote qui s'enferme ensuite dans un mutisme complet.

Accusé d'évasion de garde légale, Boulanger plaidera coupable en septembre suivant. Le juge Paul Chevalier de la Cour du Québec le condamnera à une sentence de quatre mois de prison, consécutive à celle de 23 ans imposée en 1993. «Franchement, rajouter quatre mois consécutifs à une peine de 23 ans ! Tous les autres criminels, les meurtriers, les motards, c'est toujours concurrent. C'était inutile et injuste», s'insurge Boulanger encore aujourd'hui. «Ah ! Si je n'avais pas remis mon permis de conduire», regrette-t-il. Il aura longuement l'occasion de méditer sur ses erreurs.

Chapitre 13
La résignation

Une fois de retour au centre de détention Leclerc, Boulanger se désiste de son droit de comparaître devant les commissaires aux libérations conditionnelles pour les mêmes raisons auxquelles il en était venu deux ans auparavant : ses chances de convaincre les commissaires sont encore plus nulles qu'elles ne l'étaient en 2000 maintenant que ce n'est pas seulement une fois, mais deux, qu'il a fait faux bond à la justice canadienne.

Le pilote commencera alors ce qu'il qualifie lui-même de la plus belle période carcérale de sa vie. Dans l'aile 3 GH du Leclerc, Boulanger est entouré d'individus liés au crime organisé. Dans les mois qui suivront, il côtoiera les Nomads, les membres les plus influents des Hells Angels, et les Rockers, leurs soldats les plus actifs durant la guerre des motards des années 90, tous arrêtés lors de l'importante opération Printemps 2001 qui a mené à la construction du Centre de services judiciaires Gouin et aux premiers superprocès de l'histoire du Québec.

« Les gars des Hells Angels et nous autres, on avait les plus belles *jobs*. Ils avaient leur bureau en bas, et ils "runnaient" la cantine. C'était parfait car ils administraient pour le bien de tout le monde. On acceptait ça. Même les Italiens ne touchaient pas à ça. On avait un bon comité. Ils organisaient de belles activités, on avait des BBQ, etc. Ce n'était pas comme les autres comités de détenus que j'ai connus dans d'autres places où c'étaient des petites cliques qui s'installaient dans le bureau et qui utilisaient les fonds et la cantine pour leur bien personnel. Les six années que j'ai passées en prison au Leclerc ont été les meilleures. L'administration fonctionnait bien. Il y avait une bonne entente avec l'administration et les agents correctionnels», dit le pilote.

L'aile 3 GH abrite également quelques membres de la mafia italienne, dont S. N. Ce dernier a fait partie de la longue liste d'individus arrêtés et condamnés à la suite de la création du faux bureau de change de la GRC au centre-ville de Montréal. C'est un importateur de cocaïne de longue date qui avait ses entrées auprès des cartels colombiens et avait même été tenu en otage par ces derniers lors d'une transaction qui tardait à se concrétiser. S. N. deviendra un bon ami du pilote en prison. Boulanger se rappelle avec bonheur le jardinage et les centaines de recettes concoctées avec l'Italien, «un excellent cuistot», dit-il, qui travaillait avec le pilote dans la cuisine.

Durant ces premiers mois d'incarcération, Boulanger aurait filé le parfait bonheur, n'eussent été les «tuiles» qui ont commencé à tomber sur la tête des détenus du Leclerc. Ces tuiles apparaissaient sous forme de balles de tennis remplies de drogue ou encore de flèches munies de petits compartiments contenant des stupéfiants, lancées ou tirées dans la cour par des complices qui pouvaient facilement s'approcher du pénitencier par les rues et stationnements des entreprises du secteur industriel voisin. Jusqu'à sa fermeture, le Leclerc était l'un des principaux pénitenciers canadiens affectés par le trafic de drogue et de tabac.

«La nuit, des gars venaient et lançaient les balles de tennis avec des *slingshots*. De jour, on marchait dans la cour et là on voyait la flèche arriver et tomber, ou bien on voyait trois ou quatre balles arriver. On ne bougeait pas car il y avait du monde attitré pour venir les ramasser. Quand ça arrivait, il fallait que tu restes immobile ou que tu décampes de là. Tu ne touchais pas à ça. On voyait les gars faire toutes leurs manigances. Il y en a un qui ramassait la balle et qui la lançait à un autre pour la faire entrer. Souvent, ce sont les agents qui saisissaient les balles. Ils arrêtaient tous les détenus qui se trouvaient dehors et fouillaient tout le monde en rentrant.

« À cause de ça, l'accès à la cour du Leclerc a été coupé peu à peu. On a commencé par perdre le terrain de tennis à l'autre bout, ce qui a grandement déçu S. N. car il était un bon joueur. Puis, ils ont coupé la cour en fin de soirée. Avant, on devait rentrer à 21 h 30 pour le compte mais on pouvait ressortir dans la cour jusqu'à 23 heures. La situation s'est continuellement détériorée. Ce n'était plus viable. Tout le monde était pris dans la petite cour. On ne pouvait plus s'occuper de nos jardins car si une balle était lancée, ils nous coupaient le jardin pour deux ou trois semaines.

« On a aussi perdu la piscine et le terrain de baseball. C'était dommage, car il y avait de bonnes équipes de balle-molle au Leclerc. Il y avait de la compétition et c'était *l'fun*. Chaque fois qu'il y avait une manœuvre de l'administration pour empêcher les lancers de balles ou de flèches, ils trouvaient un autre moyen pour le faire. On était pris dans la petite cour entourée de bâtiments et on ne voyait plus rien du monde extérieur. Le monde commençait à être pas mal fou. Il y avait 550 détenus à un moment donné au Leclerc, dans un tout petit espace. Il y avait tout le temps des conflits », décrit Boulanger.

Comme d'autres détenus irrités par cette situation, Boulanger écrit une longue lettre au commissaire du Service correctionnel du Canada pour se plaindre des restrictions sans cesse imposées au Leclerc. Mais sa protestation s'arrêtera là. Il n'est pas question de faire des esclandres dans le pénitencier même où les détenus, à qui profite ce lucratif commerce, sont loin, eux, de se plaindre. « En prison, tu fermes ta gueule. Tu ne vas pas imposer ta dictature aux autres détenus. Dénoncer les autres prisonniers pour ce qu'ils font, ça ne se fait pas. Même les membres des Hells Angels et de la mafia ne disaient rien. Des détenus ont un petit commerce ? Tu les laisses faire. Le comité a tout fait pour essayer de convaincre l'administration de limiter les restrictions, mais en vain », dit-il.

Au Leclerc, Boulanger retrouve son ami du gang de l'Ouest avec lequel il faisait de longues marches à Donnacona avant qu'il soit extradé aux États-Unis, au milieu des années 90, pour une affaire de complot pour importation de stupéfiants. Le pire est passé pour ce type qui perdait ses cheveux rien qu'à l'idée d'être enfermé dans les dures prisons américaines. Le détenu vient en effet d'être rapatrié au Québec et doit finir de purger sa peine canadienne. C'est durant l'une de leurs marches quotidiennes dans la cour réduite du Leclerc que ce détenu suggère à Boulanger de demander son transfert dans un pénitencier de la Colombie-Britannique. Le pilote y voit deux avantages : se rapprocher de ses enfants, qui habitent alors Victoria, et accroître ses chances d'être libéré plus rapidement qu'au Québec où son profil « très élevé » et la forte publicité dont il fait régulièrement l'objet sont autant d'éléments qui constituent des handicaps auprès des commissaires aux libérations conditionnelles de la province, croit-il.

À l'été 2003, Boulanger demande son transfert au pénitencier à sécurité moyenne de William Head, situé directement sur l'île de Vancouver, près de Victoria. Mais le temps que sa demande soit traitée et acceptée, Ottawa change la vocation de ce pénitencier qui devient un « minimum ». En raison de sa cote de dangerosité plus élevée, Boulanger ne peut plus y être accueilli. Après quelques délais et une autre lettre de plainte au Service correctionnel, le pilote s'envole finalement le 17 décembre 2003 pour le pénitencier à sécurité moyenne de Mission, situé sur le continent, près de Vancouver. Lorsqu'on lui ouvre la grille de sa nouvelle demeure, le choc est brutal.

« Tout de suite, j'ai voulu virer de bord. Ils m'ont mis dans une petite cellule avec un codétenu qui était un véritable "crotté".

J'ai demandé aux gardiens d'aller dans le trou en leur disant : *Moi, je n'entre pas là-dedans.* Après, ils m'ont mis avec un vieil Indien condamné pour meurtre. Il était calme mais il faisait des incantations en allumant des herbes magiques. Une semaine après mon arrivée, les portes ont été verrouillées durant 10 jours pour une fouille de drogue majeure et j'ai été coincé tout ce temps-là avec lui. Le pénitencier de Mission abritait toute la *scrap* que la police ramassait à Vancouver. Les détenus étaient pour la plupart des *junkies* qui se "shootaient" dehors, sur les galeries. Tu les voyais faire, c'était dégueulasse », raconte le pilote qui en profite pour se lancer dans une comparaison dithyrambique, le mot est faible, avec nos criminels organisés québécois.

« À Mission, c'était constamment la confrontation. Ce n'étaient pas des criminels, c'étaient des drogués, comparativement au Leclerc où c'étaient des criminels, oui, mais des gens professionnels et d'affaires qui savaient comment fonctionner ensemble. Il y avait une éthique au Leclerc, c'étaient des gens éduqués pour la plupart, tandis qu'à Mission, c'était à 95 % des accros à la drogue. Il y avait des batailles à n'en plus finir pour la drogue et des descentes constantes. Ça nuisait à tout le monde », dit-il.

À force de maugréer, Boulanger obtient de pouvoir partager sa cellule avec un jeune Mexicain, surnommé Flaco, condamné pour importation d'héroïne. Les deux hommes, qui échangent en espagnol, s'entendent bien et Boulanger finit par s'adapter peu à peu à son nouvel habitat. Un jour, dans la cour, il croit reconnaître un criminel du Québec et se dirige vers lui pour lui parler. « Serais-tu C. F. ? » demande le pilote. En 1993, C. F. avait tiré à bout portant sur deux policiers montréalais assis dans leur auto-patrouille, dans un parc du centre-ville de Montréal. L'affaire avait ébranlé tout le Québec à l'époque et les deux policiers, qui avaient été pris totalement par surprise, ont souffert de graves blessures qui leur ont laissé d'importantes séquelles et mis fin à leur carrière. Le tireur paie encore pour ce crime aujourd'hui. Ce jour-là, il a grommelé quelques mots à

Boulanger en guise de réponse, dit le pilote, avant de tourner les talons.

Mais à Mission, Boulanger, fidèle à son habitude, ne se mêle pas beaucoup aux autres détenus. Dans cette prison construite dans les montagnes sur un site qu'il qualifie d'enchanteur, le pilote est davantage porté vers la faune animale qu'humaine. Dans quelques mois, il ne trouvera cependant plus rien de très bucolique à son nouvel habitat.

Le 9 juin 2004, en effet, est le grand jour de l'audience devant les commissaires aux libérations conditionnelles sur laquelle le pilote fonde tant d'espoirs. Flanqué de son agent de libération, Boulanger vient à peine de s'asseoir dans la salle que le commissaire Ronald Boucher s'adresse à lui sans ménagement : «Vous avez tendance à minimiser votre criminalité en clamant que vous n'étiez que le pilote (lors de l'affaire de Casey en novembre 1992). Vous ne reconnaissez pas les effets négatifs de la cocaïne sur la société. Vous vous décrivez comme un pilote qui a voulu faire de l'argent rapidement mais qui a pris les mauvaises décisions. Vous n'avez pas impressionné la commission dans vos explications justifiant comment un homme comme vous a succombé à l'envie de faire plusieurs millions en important une grande quantité de cocaïne au pays. Vous dites que durant votre première évasion, vous vous êtes rendu en Colombie pour mettre votre conjointe à l'abri et que vous êtes allé la retrouver au Mexique durant la deuxième évasion. Mais la commission n'a pas d'autres informations que celles que vous lui dites pour connaître vos activités durant vos évasions», écrivent notamment les commissaires dans leur décision.

Selon Boulanger, durant 45 minutes le commissaire Boucher se livre à un véritable monologue dans lequel il l'accable de tous les reproches. Boulanger tente de se défendre en balbutiant l'une de ses théories voulant que l'alcool fasse davantage de dommages que la drogue, mais rien n'y fait. L'audience aurait pris fin sur deux mots bien sentis prononcés par le pilote :

F... you! Les commissaires Ronald Boucher et Roxane Vachon refusent de le libérer. «Vous avez violé la confiance du système carcéral envers vous. Notre système est basé sur la confiance et vous devrez la rétablir avant que la commission considère que vous représentez un risque acceptable pour la société», concluent-ils.

La stratégie du pilote d'être transféré loin des projecteurs, en souhaitant connaître un meilleur sort, est un échec complet. Mince consolation : en raison de son bon comportement en prison, les autorités lui permettent de retourner dans un pénitencier à sécurité minimum. Boulanger effectue donc une nouvelle démarche auprès des services correctionnels pour retourner dans un pénitencier du Québec. Mais aujourd'hui, avec le recul, il croit que ce fut une autre erreur stratégique et que s'il était resté en Colombie-Britannique, il serait sorti de prison six ou sept ans plus tôt. «J'aurais dû rester là-bas car après cinq ou six autres mois, ils m'auraient envoyé dans un minimum. J'y aurais fait un an ou deux et je serais sorti en libération conditionnelle tandis qu'au Québec, je m'étais évadé deux fois. C'était négatif et les gens que cela avait affectés dans l'administration étaient toujours là. Il y avait une vengeance personnelle contre moi», dit-il.

Le 17 décembre 2004, un an jour pour jour après l'avoir quitté, Boulanger revient au pénitencier Leclerc et retrouve ses codétenus du crime organisé. Quelques-uns sont partis mais d'autres ont pris leur place. Le président du comité des détenus est un membre des Nomads. Le pilote côtoie également d'autres membres en règle des Hells Angels, dont L. B., designer et décorateur de voitures et de motocyclettes de son «vrai» métier. Boulanger se souvient que L. B. avait réalisé une imposante murale sur l'un des murs extérieurs de la piscine. «Il y avait un océan avec des vagues, un grand ciel bleu et un gros yacht. Il avait peint un Cessna 185 juste pour moi et on avait dit à la blague qu'il aurait dû ajouter quelques ballots en train de tomber!», raconte le pilote. En plus des Nomads, Boulanger noue davantage de liens avec d'anciens membres des Rockers, le défunt club-école des Hells Angels.

Boulanger assiste aux entraînements de balle-molle des motards et lève des poids au gymnase en leur compagnie. Mais, surtout, il fait avec plusieurs d'entre eux, et son ami italien S. N., ce qu'il préfère le plus : cuisiner. Grâce à leur «contact» au comité des détenus, les cuistots taulards obtiennent de nouveaux comptoirs en acier inoxydable et des cuisinières à convection pour agrémenter leurs menus et améliorer leur ordinaire.

À son retour au Leclerc, en décembre 2004, Boulanger remet son tablier de cuisinier, mais cette fois-ci dans la cuisine destinée aux membres de l'administration et aux agents correctionnels. Mais il y a déjà un coq dans la basse-cour, un vieux membre du gang de l'Ouest qui dirige les opérations. Le pilote, on l'aura deviné, n'est pas le genre à jouer les seconds violons. Rapidement, des étincelles jaillissent entre les deux hommes. Selon Boulanger, le vieil Irlandais, qui fume comme une cheminée, tousse à s'en cracher les poumons dans la cuisine, ce qui ne plaît pas au pilote qui s'en plaint aux responsables. Quelques jours plus tard, l'Irlandais est muté dans la grande cuisine et Boulanger s'empare de la toque du mess des officiers. Ce revirement de situation ne se fera pas sans heurts.

Le jour de la Saint-Valentin 2005, vers 18 heures, Boulanger sort de la bibliothèque de la prison et s'engage dans la cour extérieure. En souliers dans la neige, il tient des livres dans ses bras. Il se dirige tranquillement vers sa cellule lorsqu'il entend quelqu'un courir derrière lui. «J'ai entendu des pas et j'ai reçu un solide coup de poing sur la tête, par-derrière. J'ai glissé et je suis tombé par terre. Le type m'a ensuite asséné trois ou quatre coups de pied. Je me suis relevé et il est parti à courir. Il était cagoulé mais j'ai constaté qu'il était costaud et devait être jeune. Je lui ai crié de venir se battre comme un homme», raconte le pilote.

Plusieurs détenus, qui ont assisté à la scène, viennent en aide à Boulanger qui ressent une vive douleur au côté gauche et a de la difficulté à respirer. Aux infirmiers, il dit qu'il est tombé dans l'escalier mais personne n'est dupe. Il a une sérieuse coupure au front et trois côtes fêlées qui l'empêcheront de bouger durant un mois. Ce n'est qu'une semaine plus tard que le pilote apprendra l'identité de son agresseur qui aurait été payé en héroïne par un autre détenu pour qu'il s'en prenne à lui. L'assaillant n'a visiblement pas été choisi par hasard puisqu'il est remis en liberté le vendredi suivant. Peu après sa libération, ce dernier commettra un vol à main armée à Toronto et sera tué par la police, a su Boulanger. Mais les présumés commanditaires de l'agression, eux, sont toujours au Leclerc.

Après une petite enquête, Boulanger apprend que l'homme qui aurait donné l'héroïne à son agresseur serait un prisonnier de la même rangée de cellules que la sienne. Le pilote prépare sa vengeance avec un codétenu colombien. Un soir, le duo se dirige discrètement vers la cellule occupée par le détenu. Pendant que le Colombien monte la garde à sa porte, Boulanger roue de coups ce dernier qui sortira passablement amoché de cette «violation de domicile carcérale». Le pilote affirme avoir auparavant prévenu un agent correctionnel de ne pas arpenter son corridor durant «les 15 à 20 prochaines minutes». Après l'agression dont Boulanger a été victime, un codétenu, véritable colosse terre-neuvien, deviendra son garde du corps en échange de quelques bons steaks et plats de pâtes. Le pilote ne sera plus jamais inquiété jusqu'à la fin de son séjour au Leclerc.

En novembre 2006, quelques jours après la vaste rafle antimafia Colisée, Boulanger défile une nouvelle fois devant les commissaires aux libérations conditionnelles. Il dit avoir coupé tout lien avec les criminels, ne plus vouloir être associé avec eux et avoir réalisé l'entière responsabilité de ses actions. Mais les commissaires Michel Pallascio et Pierre Cadieux refusent sa demande, jugeant «qu'il n'avait pas pris conscience des facteurs de sa criminalité et que son discours n'était pas le fruit d'un processus de réflexion ».

On amorce la seconde moitié de la première décennie des années 2000 et la cigarette, comme à l'extérieur des murs, a moins la cote en prison. Boulanger et la plupart des pensionnaires du 3 GH sont des non-fumeurs et ils en ont assez de la fumée secondaire produite par les codétenus fumeurs et les visiteurs des autres ailes, toujours portés à s'arrêter quelques minutes pour porter leurs « respects » aux *full patch*, les membres en règle des Hells Angels. Unilatéralement, ils décrètent leur aile « non-fumeur », une première au Québec et peut-être même au Canada, alors que la loi interdisant la consommation de tabac dans les pénitenciers fédéraux ne sera appliquée qu'en 2008. La direction tente de parlementer mais le pilote et ses voisins de cellules demeurent inflexibles. À compter de ce moment, seuls les non-fumeurs sont admis au 3 GH.

À l'automne 2008, une certaine effervescence règne dans le pénitencier mais pour une autre raison. Deux nouveaux détenus – et non les moindres – font leur entrée au Leclerc : Paolo Renda, beau-frère du parrain Vito Rizzuto, et un autre maréchal de la mafia qui viennent d'être condamnés après avoir plaidé coupables à des accusations portées dans la foulée de l'opération Colisée. Entourés de membres influents des Hells Angels, les deux mafiosi se déplacent sans garde du corps. Tout le monde sait très bien qui sont ces nouveaux pensionnaires.

Seule une poignée de privilégiés peuvent ou osent les approcher pour leur parler ou jouer aux cartes, une habitude maintes fois observée par les enquêteurs au Café Consenza, dans le défunt quartier général des Siciliens, rue Jarry à Montréal, et qui s'est poursuivie derrière les murs. Boulanger fait partie de ces privilégiés. Les deux nouveaux venus aiment cuisiner et le pilote se souvient des généreuses bouffes italiennes préparées avec eux et du souper italien annuel auquel la communauté de l'extérieur était même conviée et qui se terminait par un typique tournoi de *bocce* (boules).

Comme le veut la loi interne des détenus, le pilote ne parle pas de l'opération Colisée avec les deux mafiosi qu'il qualifie de «gentlemen» et de «gens sérieux». En revanche, il revient à la charge avec l'argent qui n'a toujours pas été versé par la mafia, 15 ans après le vol de Casey. Il en discute avec Renda qui, selon le pilote, croyait que tout avait été réglé par l'«autre famille». Boulanger dit que Paolo Renda lui aurait promis d'effacer l'ardoise, une fois libre. Mais sa démarche sera vaine. Quelques semaines après sa libération, après avoir passé la journée à jouer au golf et s'être arrêté dans une boucherie, Renda a été enlevé par des hommes déguisés en policiers sur la rue Gouin, à deux pas de chez lui. Il n'a jamais été revu depuis et tant sa famille que la police le croient mort.

*

C'est une affaire de tabac en prison qui marquera la fin définitive du séjour de Boulanger au Leclerc. En 2009, il prend en effet sous son aile un nouveau détenu mexicain, pilote comme lui. Mais le jeune homme fume sans cesse et se retrouve rapidement couvert d'un nuage de dettes. Selon le pilote, le Mexicain aurait alors comploté avec un employé de la buanderie pour faire entrer des cigarettes en prison dans le but de les revendre à fort prix et ainsi éponger une partie des sommes dues. Mais l'employé de la buanderie exige du Mexicain 200 $ qu'il n'a pas. Ce dernier se tourne alors vers Boulanger qui lui remet le numéro de téléphone d'une personne à contacter pour obtenir l'argent. Le Mexicain remet le numéro à l'employé de la buanderie peu avant que le complot soit éventé par les agents correctionnels. Boulanger, qui a hérité d'un nouveau travail qui lui permet de se déplacer partout dans le pénitencier, sermonne l'employé de la buanderie et lui dit d'oublier le numéro obtenu du Mexicain. Mais l'employé en parle à la direction et, comme le Mexicain avant lui, Boulanger est envoyé au «trou» où il restera 74 jours (les détenus envoyés au «trou» sont confinés dans des cellules spéciales, sans contact avec les autres détenus, et n'en sortent qu'une heure par jour). Mais il y a pire : la cote de dangerosité du pilote est augmentée, si bien qu'il est «remonté» dans un maximum qu'il connaît bien, Donnacona, le 10 décembre 2009.

Dans son nouveau pénitencier, Boulanger retrouve un certain Y. P. Ce dernier, condamné à la prison à vie en 1986 pour les meurtres de trois hommes, s'occupe des nouveaux arrivants. Il aide le pilote à s'installer convenablement et veille à ce qu'il ne manque de rien. Mais plusieurs des cellules de l'aile où se trouve Boulanger sont occupées par des individus liés aux gangs de rue et le pilote constate que les choses ont bien changé depuis son dernier passage dans ce pénitencier, dans les années 90. «Lors de mon dernier séjour, tout le monde sortait en même temps mais tout avait changé en raison des violences qui étaient survenues. Lorsque je suis revenu, les détenus sortaient rangée par rangée et les sections étaient isolées l'une après l'autre. On restait dehors seulement une heure et ensuite on rentrait», raconte Boulanger.

Pour fuir la morosité, il se lance dans le travail, renouant avec ses cuisinières. Il est affecté aux «diètes spéciales», multipliant les plats de couscous et d'houmous pour certains, et les pizzas et autres plats apprêtés selon un rituel bien établi pour les autres. Le pilote jongle avec ses casseroles, chaudrons et ustensiles sept jours sur sept et cumule 30 heures supplémentaires par semaine. «C'était ça ou rester dans la rangée. Et dans la rangée, au maximum, tu ouvres ta cellule et tu t'en vas dans la salle commune. Moi, aller dans la salle commune et écouter tous les détenus se *bullshiter* les uns les autres, ça ne m'intéressait pas. J'aimais mieux travailler ou rester dans ma cellule», dit-il.

À l'issue d'un purgatoire de huit mois à Donnacona, le pilote retourne dans un pénitencier à sécurité moyenne. Il choisit Cowansville, où il arrive en août 2010. À Montréal, le «seigneur de Saint-Léonard», Agostino Cuntrera, vient d'être tué à coups de .12 tirés à bout portant. C'est le quatrième membre influent du clan des Siciliens victime d'un putsch, qui culminera avec l'assassinat du vieux parrain Nicolo Rizzuto dans sa cuisine en novembre de la même année.

En cette période trouble, Boulanger croise à Cowansville l'un des jeunes loups de la mafia montréalaise qui ronge son frein après avoir «pris la rondelle» pour ses patrons à la suite de l'opération Colisée. Ce dernier ne parle jamais des violences qui frappent son clan. En revanche, il lit les journaux et se tient au courant. L'Italien est responsable du «club des longues sentences» et s'occupe de la ligue de soccer des détenus. «Il jouait au soccer et était bon joueur. Il se prenait pour une grosse vedette!» dit Boulanger en souriant. «Il entraînait les joueurs et c'est lui qui "runnait" la ligue. Ils étaient bien organisés. Les gars avaient des uniformes. Ils prenaient ça au sérieux. Il y avait des matchs et des gens venaient de dehors pour jouer», poursuit le pilote.

Boulanger se lie d'amitié avec le mafioso et les deux hommes mangent à la même table et prennent souvent le café ensemble, mais pas n'importe lequel: un café provenant d'une boutique spécialisée de Granby.

À Cowansville, Boulanger développe également des amitiés avec trois autres individus condamnés à la suite de la vaste rafle antimafia de 2006. Le trio a ceci en commun qu'il a fait partie d'une cellule qui a voulu importer 1300 kilos de cocaïne au Québec et qui a été démantelée à la suite d'un bel exemple d'imagination policière. Lorsqu'ils ont ciblé le groupe, les enquêteurs de la GRC et du SPVM (Service de police de la Ville de Montréal) affectés au projet Colisée ont en effet constaté que certains des trafiquants étaient de grands amateurs de balle-molle et jouaient dans une ligue. Ils ont alors approché un excellent joueur dominicain qui n'avait pas été retenu dans un camp d'entraînement des Expos de Montréal pour que ce dernier s'infiltre dans leur équipe et renseigne les policiers sur les complots des trafiquants. « Bonsoir, ils sont partis », aurait hurlé Rodger Brûlotte. Face à ce véritable compte complet orchestré par les enquêteurs de Colisée, les trafiquants ont été cueillis comme une chandelle envoyée directement dans le gant du voltigeur de centre.

L'un des trois mafiosi amateurs de baseball parle espagnol et c'est avec ce dernier que Boulanger développe la relation la plus profonde. Les deux hommes usent quotidiennement leurs espadrilles dans la cour dans de longues conversations.

À Cowansville, Boulanger n'a pas la tête à reprendre la peinture, pas plus qu'il ne l'a à cuisiner. Il hérite du poste de commis aux effets personnels et récupère les objets appartenant aux détenus envoyés ou ramenés du « trou ». Il mène une vie « pépère » dans ce pénitencier de la Montérégie qu'il considère comme bien administré. Il proteste toutefois lorsque la direction veut réduire les services à la bibliothèque.

Le 4 avril 2011, nouvelle audience devant les commissaires aux libérations conditionnelles. Boulanger a deux prises contre lui et il est retiré lorsque les questions de ses deux évasions, de la mitraillette et des grenades trouvées dans l'avion de Casey, et du trafic de tabac avec un employé de la buanderie du Leclerc, reviennent sur le tapis. « Vous diminuez toujours les conséquences de votre criminalité et vous comparez le problème de consommation de drogue à celui du tabac. Vous avez réalisé de très légers progrès dans votre réflexion sur les facteurs contributifs à votre criminalité », écrivent les commissaires Denis Couillard et Steven Dubreuil, qui déboutent le pilote à leur tour.

Boulanger, qui affronte les commissaires seul, sans les conseils d'un avocat, réalise rapidement que c'est peine perdue et argumente avec ses vis-à-vis durant l'audience. « Je ne m'attendais à rien. Ça faisait des années que je savais que j'allais me rendre jusqu'à ma libération d'office. C'était une répétition de tout ce qui avait déjà été dit. Je savais que ça allait être un coup d'épée dans l'eau mais j'ai tout de même voulu être entendu pour la forme. Je voulais avoir l'occasion de leur dire en pleine face ce que je pensais d'eux autres. *Vous êtes qui, vous, pour me faire la morale et me reprocher de ne pas respecter les règlements alors que vous ne l'avez pas fait ?*» lance Boulanger en faisant référence à la première décision rendue en 1997 qui a retardé sa sortie sur examen expéditif.

Les journalistes peuvent assister aux audiences de la commission en tant qu'observateurs et j'étais le seul présent dans la salle. C'était la première fois que je croisais l'homme dont, comme tout le monde, j'avais vu je ne sais combien de fois la fameuse photo du clin d'œil au palais de justice de La Tuque, en novembre 1992. «Je le savais, ils veulent me garder jusqu'à la fin», me glisse Boulanger à l'oreille à la fin de l'audience malgré l'interdiction formelle de me parler, profitant d'un moment d'inattention de l'employé de la commission en charge justement de veiller à ce qu'il n'y ait aucun contact entre le détenu et les observateurs.

Je retourne alors aux bureaux du *Journal de Montréal* et je dresse un résumé à mon patron d'alors, Marc Pigeon, qui me suggère d'écrire à Boulanger pour lui proposer une entrevue en profondeur. J'écris alors aux services correctionnels et communique avec l'un des responsables du pénitencier, qui a été très avenant. Boulanger accepte immédiatement. Il faut dire que le pilote a l'expérience des entrevues, qu'il ne déteste pas faire parler de lui et sait comment se servir des médias pour dénoncer certaines situations, ce que soulignent d'ailleurs les autorités carcérales dans son plus récent plan correctionnel. Après ses évasions de 1998 et 2001, le Rimouskois avait accordé de longues entrevues à André Cédilot de *La Presse*, Michel Auger, du *Journal de Montréal* et Paul Arcand qui animait une émission à TVA à l'époque. Il garde en général un bon souvenir de ces journalistes aguerris, ce qui n'est pas le cas d'autres sbires qu'il accuse d'avoir écrit des «inventions».

J'obtiens donc le feu vert pour le rencontrer en juillet et en arrivant à Cowansville, je croise l'avocat d'un lieutenant de la mafia montréalaise venu rencontrer son client. C'était le jour des visites et ce matin-là, le chien renifleur entraîné pour détecter les drogues pointe son sensible museau vers une jeune femme venue voir son conjoint. Le temps que cette dernière soit fouillée, on nous demande de sortir à l'avocat et à moi, et nous discutons longuement de choses et d'autres assis sur une table à pique-nique, sous un soleil de plomb. J'ouvre ici cette parenthèse car à notre retour dans le pénitencier, l'avocat entre dans un cubicule où l'attend son influent client et lui dit qui je suis. L'Italien se retourne vers moi et agite le doigt en souriant, comme pour me dire de faire attention à ce que j'allais écrire. L'image me revient chaque fois que j'écris un texte sur la mafia.

On me fait attendre dans un petit local et au bout de quelques minutes, le pilote arrive. On fait les présentations d'usage et je le sens nerveux et sur la défensive. Mais, plus les heures passent, plus la confiance s'installe et sa langue se délie. Il me raconte les grandes lignes de sa vie, dont l'incontournable vol de 1992. C'est à mon tour d'être dérouté par ce rocambolesque récit, à la limite de l'invraisemblance. J'avoue avoir été perplexe durant mon voyage de retour sur l'autoroute 10, seul dans ma vieille Toyota.

Les 17 et 18 septembre 2011, les articles sont publiés. «Confession d'un trafiquant», «L'échec d'un vol à 5 M$» et «Mercenaire sans regret» titre *Le Journal de Montréal* sur quatre pages. Les exemplaires du quotidien circulent fébrilement de main en main dans le pénitencier de Cowansville. «Le premier samedi, beaucoup de détenus m'en ont parlé. Ils ont bien aimé ça. Un mafioso m'a dit que c'était bien écrit mais que c'était toujours mieux de ne pas parler aux journalistes. Je lui ai dit qu'il pourrait y avoir un livre plus tard, que je voulais que tout le monde sache ce qui s'était passé. Les noms des personnes qui étaient sur la scène dans le temps, ce n'est pas important. Ce qui est important, c'est la finalité. La mafia a bousillé l'affaire et j'ai pris 23 ans car le travail a été fait négligemment. Il y a plein d'histoires qui disent que Boulanger est un agent double, c'est faux. On va mettre ça sur la table et ça va être clair, tout le monde va le savoir », dit le pilote.

Au second jour de publication, la plupart des détenus saluent Boulanger sur son passage. Mais certains veulent lui donner autre chose qu'une tape dans le dos. Après avoir été le centre d'attraction de son secteur durant toute la journée, Boulanger décide de retraiter dans sa cellule pour écouler une soirée tranquille et écouter un bon film d'action à la télévision. Mais parfois, la réalité dépasse la fiction.

Le pilote est couché paisiblement, les yeux rivés sur son petit écran lorsqu'un homme se glisse par la grille entrouverte du cachot et bondit sur lui. Boulanger, pris totalement par surprise, a juste le temps de lever les bras pour parer du mieux qu'il peut à la pluie de coups de poing qui s'abat sur lui. « En même temps qu'il me frappe, il me traite de rat et me dit : *Tu as besoin de ramasser tes affaires et de foutre le camp d'ici parce que ça va empirer!* J'ai alors compris que c'était le mot "confession" dans le titre de l'article qui avait rebuté une "gang" de petits drogués installés dans une autre aile. "Confession", c'est un mot qui n'est pas bien perçu en prison. C'est comme dire que tu as "délaté". Je n'ai rien "délaté", moi. »

Après avoir porté plusieurs bons coups, l'agresseur se sauve aussi vite qu'il est arrivé. Décontenancé, encore sous le choc, Boulanger se lève péniblement, s'habille, enfile ses bottines et sort dans le corridor où il croise un membre de la mafia italienne. « Est-ce que c'est vous qui avez fait ça à cause des articles? » demande Boulanger. « Non », jure l'autre, en promettant d'enquêter pour trouver le coupable. Le pilote retourne dans sa cellule. La main encore tremblante, il plonge une mesure dans son pot de café pour se faire couler un remontant. Machinalement, il se tourne vers sa porte et croit rêver. Celui-là même qui l'a tabassé quelques minutes plus tôt fonce à nouveau vers sa cellule, vraisemblablement pour finir ce qu'il a commencé. Mais cette fois-ci, le pilote a le temps de le voir arriver.

«Dès qu'il est entré, je lui ai donné au moins deux bons coups de poing. Il s'est sauvé mais je suis parti après lui dans la rangée et je l'ai accroché par le collet. Et là, je lui ai donné encore une couple de bons coups tellement que je me suis défoncé les jointures», dit-il en les montrant. «On s'est tiraillé. Il est tombé au sol mais il s'est relevé et est parti dans l'escalier. Je l'ai suivi et lors de la descente, j'ai mis mes deux mains sur les rampes pour me donner un élan et bang!, je lui ai donné un grand coup de pied entre les deux épaules. Il est parti en l'air et est tombé sur le plancher directement devant le bureau des agents. J'ai voulu le finir mais alors que tous les détenus me regardaient, les agents sont intervenus et ont ordonné le *lock-down*. J'ai regardé tout le monde et j'ai crié : *Y'en a tu un autre ici qui a un problème avec les articles ? Let's go, c'est le temps de régler ça !* Mais personne n'a répondu à mon invitation et les agents ont envoyé tout le monde en cellule. J'ai commencé à me laver. Le sang coulait. Les agents m'ont escorté à l'infirmerie. J'avais une coupure au front et ma main était enflée», décrit Boulanger.

L'agresseur est un homme dans la vingtaine. Lui et Boulanger sont envoyés au «trou» pour une période de 74 jours. Selon le pilote, les autorités ont enquêté mais n'ont jamais su qui avait ordonné l'agression. Les Italiens ont toujours nié que c'était eux. Boulanger croit que l'attaque vient d'un codétenu de Gatineau avec lequel il avait eu maille à partir dans les mois précédents. Une fois sa punition purgée, le pilote veut retourner en «population» mais le comité des détenus s'y oppose car il est incapable d'assurer sa protection. Un transfert devient la seule solution. Il est d'abord question d'envoyer Boulanger à Drummondville mais cette option est aussitôt repoussée car son complice du vol de Casey avec lequel il est en conflit, Christian

Deschênes, s'y trouve. Le pilote ira à La Macaza, car, pensent les responsables, l'aéroport est tout près et il appréciera voir les avions décoller et atterrir. Boulanger arrive donc dans ce pénitencier des Laurentides en décembre 2011.

Le pilote compte les jours jusqu'à sa libération d'office. Il ne lui reste que 15 mois à purger et il a bien l'intention de se faire petit. Il choisit un emploi de concierge qui ne l'occupe pas plus de deux heures par jour. Il jardine un peu mais passe le plus clair de son temps seul dans sa cellule. Le temps s'écoule lentement jusqu'au jour J, le 6 mars 2013.

« C'est difficile de décrire ce que tu ressens. J'aurais pensé que j'aurais été excité, mais non. J'ai pris ça comme si j'étais déjà dehors. J'ai vidé ma cellule et j'ai apporté mes affaires aux effets personnels. C'est le fils d'un de mes amis qui est venu me chercher. Je suis sorti du pénitencier, j'ai monté dans la camionnette et je suis parti. Dans les 20 premières minutes, j'ai appelé ma copine en Colombie. Avec elle aussi, c'était comme si je ne l'avais jamais laissée. »

Raymond Boulanger quitte la prison où il a laissé 16 années de sa vie, en excluant ses trois ans passés en cavale. Son plus gros défi sera maintenant de s'adapter à la société qui a beaucoup évolué depuis sa dernière évasion.

Chapitre 14

Le vieux cheval de guerre

En roulant vers Montréal, Boulanger est rempli d'appréhensions devant la nouvelle vie qui l'attend. Son premier arrêt est au Bureau des libérations conditionnelles de Longueuil, où il fait la connaissance de sa nouvelle agente de libération qui s'occupera de son dossier. Même si les services correctionnels n'ont plus d'informations voulant que le pilote ait encore des liens avec des organisations criminelles, les commissaires considèrent que son dossier est toujours «d'intérêt».

Ceux-ci reprochent notamment à Boulanger, qui leur a dit avoir suffisamment d'argent pour assurer sa retraite, de ne pas avoir été transparent sur les avoirs qu'il possède à l'étranger. Par conséquent, ils lui interdisent tout contact avec des individus ayant des antécédents criminels et l'obligent à dévoiler ses revenus et ses dépenses chaque mois. Mais, une fois devant sa nouvelle agente de libération, celle-ci lui apprend qu'il est confiné à un territoire en forme de cercle ayant un diamètre de 75 kilomètres au centre duquel se trouvera sa nouvelle demeure. Il devra l'aviser et obtenir une permission chaque fois qu'il voudra en sortir. Étonné, Boulanger accueille avec philosophie cette condition inattendue mais sera moins conciliant lorsque les autorités lui annonceront qu'il ne pourra pas voler de sitôt.

Le jour même, Boulanger s'installe dans un petit logement dans la grande région de Montréal. Ses premiers moments de liberté sont pour lui comme une espèce de cellule dont la grille est toujours ouverte, autour de laquelle s'articule une vie de solitaire qui s'apparente beaucoup à celle vécue toutes ces années en prison. La plupart du temps, il arpente seul Montréal en métro, assiste aux différents festivals, visite les musées et lit dans les parcs.

«Les gens ne le savent pas, mais une longue incarcération a des effets sur le plan psychologique et cause un syndrome post-traumatique. De nombreuses études ont été faites à ce sujet. Durant des années, on a géré ta vie en te disant par exemple de te coucher, de te lever et de manger à telle ou telle heure. Lorsque tu es en prison, tu t'isoles dans ton monde, tu mets comme une barrière autour de toi, tu as un détachement constant car cela peut être dangereux de créer des liens. Même si je suis en liberté, je continue à reproduire ces comportements. J'ai de la difficulté à approcher les gens ou à me laisser approcher. Je suis incapable de développer une relation et je ne désire pas créer des liens. Je n'ai pas ça dans la tête. Pour le moment, je désire être seul et je suis bien dans ma peau», dit-il.

À l'ère où tout le monde a constamment les yeux rivés sur l'écran de son téléphone intelligent, le pilote n'a d'autre choix que de suivre le mouvement et s'en est procuré un lui aussi. «Ça a été un choc culturel! Je me souviens qu'à l'époque, on avait la grosse brique Motorola qui pourrait aujourd'hui servir d'ancre pour les bateaux!» Sur ce point, la pensée de Boulanger a passablement évolué en très peu de temps. Lors de notre rencontre quelques jours après sa libération, en mars 2013, il pestait sans ménagement contre les gens devenus esclaves de leurs téléphones. Mais lors de nos rencontres régulières pour la réalisation de ce livre, le pilote posait toujours sur la table un téléphone aux mille applications qui sonnait régulièrement ou donnait l'alerte à la moindre nouvelle importante.

«Je trouve ça "trippant". Aujourd'hui, les lignes téléphoniques dures sont de plus en plus rares. Je n'ai même pas de télévision. Tout est sur mon téléphone, je peux aller chercher toutes les informations dont j'ai besoin. Avant, je consultais des encyclopédies mais maintenant, je traîne tout dans ma poche. Je suis allé voir les feux d'artifice et je les transmettais en direct à ma copine en Colombie qui réagissait en même temps», s'emballe le pilote qui a également sa page Facebook sur laquelle il échange avec des passionnés d'aviation du monde entier. Avis à ceux et celles qui auraient l'idée de lui envoyer une invitation, ses paramètres de sécurité sont très serrés et ne devient pas son ami qui veut.

Peu de temps après sa libération, Boulanger accorde une entrevue à *La Presse* dans laquelle il annonce son intention d'écrire au ministre canadien de la Justice pour demander une réduction de sa sentence de 23 ans, qu'il juge beaucoup trop longue comparativement à celles imposées à d'autres importateurs de cocaïne de la mafia dont les cargaisons de drogue étaient pourtant plus importantes. Deux semaines plus tard, il est à la télévision de Radio-Canada, sur le plateau de *Tout le monde en parle*, où il raconte son histoire et expose ses surprenantes opinions devant plus d'un million de personnes.

«Boulanger utilise la tribune offerte par les médias pour faire valoir son point de vue», peut-on lire dans son plan correctionnel, un document que lui ont remis les autorités le jour de sa libération et qui explique les procédures qu'il devra suivre jusqu'à la fin de sa sentence, en février 2019. «Ses commentaires au sujet du trafic et de la consommation de drogue sont questionnables et représentent une vision très personnelle», poursuivent ses auteurs. «Ils ne sont pas contents mais je vais faire ce que j'ai à faire», réplique le pilote.

Malgré 16 ans d'incarcération, Boulanger n'a en effet aucun remords. À la demande des services correctionnels, il a exprimé sur papier «sa vision très personnelle» sur la drogue et a aussi écrit des articles pour *Open Society*, un regroupement américain de fondations visant à promouvoir la démocratie, les réformes économiques et les droits de l'homme. En résumé, le pilote continue de marteler que les gouvernements ont perdu la guerre contre la drogue, que les milliards qui y sont investis devraient l'être dans la prévention et les soins et que l'interdiction et la prohibition créent des empires criminels. Il dit qu'une minorité de gens consomment de la cocaïne, surtout à des fins récréatives, et que la cigarette et l'alcool tuent beaucoup plus de monde. Il se range derrière le chef libéral fédéral Justin Trudeau qui se dit en faveur de la légalisation de la marijuana et croit que le Canada en arrivera là un jour de toute façon.

Boulanger entretient également une grande rancœur envers les autorités carcérales « qui ne font que des "copier-coller" d'informations erronées », ainsi qu'envers le gouvernement Harper auquel il reproche d'avoir coupé dans les conditions et les services aux détenus. Il en veut toujours aux anciens responsables de la Commission des libérations conditionnelles du Canada qui ont tenté d'empêcher sa sortie, à l'automne 1997, en vertu de la défunte procédure d'examen expéditif.

*

Après son passage à *Tout le monde en parle*, le pilote, qui est reconnu et interpellé sur la rue, poursuit néanmoins sa difficile adaptation dans cette société « individualiste, désabusée, désintéressée et tournée vers le divertissement, qui ne sait plus comment communiquer » même si, avec tous les nouveaux moyens technologiques dont ils disposent, les humains n'ont jamais eu autant de facilité à le faire. « Les gens sont centrés sur leur existence et sur ce que les autres peuvent faire pour eux plutôt que d'imaginer ce qu'ils pourraient faire pour les autres. Ils ont perdu le sens de la collectivité. Il n'y a plus de chaleur humaine. L'individualisme, c'est le poison qui va jeter notre société par terre », juge le pilote.

Il maugrée contre le coût de la vie et trouve que tout se vend plus cher, notamment les magazines qu'il affectionne. Il faut dire que le pilote, qui est pour le moment limité dans ses dépenses, ne roule pas sur l'or, et vit de sa pension de vieillesse.

Sac au dos, à pied, il quadrille la métropole – une ville «sale, pleine de trous et de chantiers» – et se demande comment elle en est arrivée là alors qu'il y a 30 ans à peine, «les Montréalais étaient fiers de dire qu'ils habitaient cette grande ville internationale». Boulanger, qui a beaucoup voyagé et côtoyé des gens de toutes les couleurs, se dit aussi frappé par le fait d'être parfois «le seul Occidental dans son wagon de métro» et par toutes ces langues qui, dit-il, «étouffent le français et même l'anglais».

*

Au cours de l'une de ses balades dans Montréal, en entrant au Palais des congrès à l'occasion du Festival de la bière, il croit reconnaître un homme et le regarde longuement, pas trop certain de son coup.

– Ben oui, c'est moi! lui dit le commandant Robert Piché.

Le pilote d'Air Transat, rendu célèbre pour avoir sauvé la vie de 300 passagers dans les Açores portugaises en 2001 et campé dans un film par le comédien Michel Côté, est venu donner un coup de pouce à un proche, restaurateur, pour l'événement.

«On s'est serré la main. Il a trouvé ça comique. Il m'a demandé comment je m'arrangeais dehors. Je lui ai fait une blague. Je lui ai demandé si Transat l'avait "slacké" et s'il en était rendu à vendre des patates frites», raconte Boulanger.

La discussion n'a duré que quelques minutes et Piché est reparti. C'était la première fois que les deux hommes se rencontraient. Contrairement à ce qui a déjà été écrit, les deux hommes ne se connaissaient pas et n'ont jamais travaillé en même temps pour la compagnie d'arrosage ConifAir. Boulanger, comme on l'a vu, y a été employé au début des années 80 alors que Piché est arrivé à la fin de la même décennie. On a souvent tendance à comparer les deux hommes, qui ont tous deux été condamnés pour avoir transporté des stupéfiants et sont originaires de la même région. Mais les comparaisons s'arrêtent là, si ce n'est que Robert Piché vend des calendriers pour sa fondation alors que Boulanger compte les jours d'ici la fin de sa sentence, en 2019!

Boulanger fait une autre rencontre fortuite quelques jours plus tard. En sortant d'un restaurant de la rue Crescent avec une amie, il arrive face à face avec un membre du gang de l'Ouest dont l'arrestation pour importation de drogue avait fait les manchettes au milieu des années 2000. Boulanger a connu ce dernier au «Leclerc» alors qu'il a fait quelques allers-retours en prison pour non-respect des conditions. «On est parti à rire. On s'est parlé très rapidement. Je lui ai demandé comment allait son père et c'est tout. Je lui ai dit: *Tu es sous conditions et moi aussi. On ne peut pas se parler, alors bye-bye*», résume le pilote.

Au début de juin, Boulanger est libre depuis trois mois et le fait de ne pas avoir recommencé à voler lui pèse grandement. Il se rend aux bureaux de Transports Canada, à l'aéroport Pierre-Elliott-Trudeau, et réactive son permis de pilote. Mais quelques jours plus tard, son agente de libération l'appelle. «Elle me dit que des policiers à l'aéroport m'ont vu avec un sac à dos et qu'ils ont immédiatement appelé les services correctionnels. On n'aime pas tellement ça se faire appeler par la police», a-t-elle dit au pilote.

La réaction des services correctionnels est immédiate. Il lui est interdit de piloter un avion et de prendre part à un vol privé, que ce soit en tant que pilote ou passager, jusqu'en mars 2015. Ces mesures seront ensuite réévaluées, tous les deux ans, jusqu'à la fin de sa sentence. Visiblement, les autorités craignent une récidive ou une évasion. Le pilote s'est déjà évadé à deux reprises et elles croient qu'il a encore les moyens et les contacts pour le faire. Mais Boulanger assure qu'il n'en a pas l'intention et que s'il voulait transporter de la drogue ou s'évader en avion, il pourrait le faire sans permis et sans que personne le sache.

Il dit plutôt avoir reçu des offres d'emploi légitimes : piloter des appareils servant au parachutage ou effectuer des vols d'essai sur des avions qui sortent des hangars de réparations. « C'est ridicule et inconstitutionnel. C'est mon travail. Ils m'empêchent de gagner ma vie. Et c'est ma plus grande passion. Moi, mon grand amour, plus que les femmes, ce sont les avions. Je veux faire des vols d'agrément avec un ami. C'est une grande frustration. Il me semble qu'après 18 ans de prison, on devrait me laisser tranquille », déplore-t-il.

*

Mais la rédaction du livre empêche le pilote de trop ruminer, car, au début de juillet, je lui annonce que nous ferons une visite-éclair dans le Bas-du-Fleuve et en Gaspésie pour photographier quelques hauts lieux de sa jeunesse et son ancien hôtel de Bonaventure, rencontrer quelques amis, mais, surtout, immortaliser d'impensables retrouvailles, 20 ans plus tard, avec l'enquêteur René Pelletier qui l'avait arrêté à Casey et qui demeure sur notre trajet.

Enthousiaste, Boulanger demande à son agente de libération la permission de sortir de son périmètre de 75 kilomètres. Comme c'est le cas dans ce genre de situation, celle-ci m'appelle pour me poser certaines questions sur le but et l'itinéraire de notre voyage, et me prévenir que l'on fera sur moi une petite enquête d'usage. Plus tard, alors que nous filerons sur l'autoroute 20, Boulanger me montrera un document remis par les services correctionnels sur lequel apparaît une liste de tous les postes de police avisés de notre passage sur leur territoire : ceux de la GRC de Gaspé et de Rimouski, et ceux de la SQ de Bonaventure et de Matapédia. Il y est même précisé que l'on utilisera ma voiture, avec la description et le numéro de plaque. Le hic, c'est que nous sommes partis à bord de ma camionnette !

Toujours à l'heure, Boulanger est fébrile le matin de notre départ. Mais passé Rivière-du-Loup, cette fébrilité fait peu à peu place à l'excitation. Une fois à Rimouski, il ressemble à un enfant lorsqu'il pointe la maison où il a été élevé et défile sans hésitation les noms des familles qui habitaient les résidences voisines. On casse la croûte à Mont-Joli, que le pilote ne reconnaît plus tellement la ville a grossi, et on s'enfonce dans la vallée de la Matapédia. Une fois arrivés dans un petit village que le temps semble avoir oublié, on s'immobilise dans l'entrée d'une magnifique demeure blottie entre des arbres majestueux. Sur la longue galerie de bois, un grand gaillard est assis. C'est René Pelletier. Il se lève et vient vers nous. De curieux sentiments devaient alors habiter le policier à la retraite et son ancien prisonnier. Mais le courant passe immédiatement entre les deux hommes qui discutent de cette fameuse journée du 18 novembre 1992 comme si c'était hier.

«J'ai bien aimé ma rencontre avec Pelletier. J'en ai parlé à ma copine en Colombie et les gens là-bas n'en revenaient pas. C'est un gentleman, comme lorsqu'il m'a arrêté. Il n'y avait pas d'animosité. Nous étions tous les deux calmes. Il a été professionnel et poli. Il a fait son travail et je faisais le mien. On était simplement de chaque côté de la clôture. Ça ne veut pas dire que je ne respecte pas la police», dit le pilote.

Puis direction Bonaventure. C'est incognito que nous nous présentons à l'ancien hôtel de Boulanger, le Château Blanc, devenu le Riôtel, l'un des établissements hôteliers les plus connus et fréquentés dans la région. Assis sur la terrasse, nous contemplons la baie des Chaleurs durant quelques minutes avant d'emprunter, à pied, la rue du Beaubassin menant à la Villa Acadia où le pilote a habité durant un certain temps. Nous avons franchi une centaine de mètres lorsque nous passons tout près d'un petit groupe qui discute, en bordure de la piste cyclable.

«Hein, Boulanger!» s'exclame un homme. Le pilote se retourne. C'est un vieil ami et sa femme. Immédiatement, le trio se rappelle de vieux souvenirs. Chaque anecdote se termine par une cascade de rires. «Ah ben "tabarnouche"!» lance une vieille amie, Lyna Arsenault, croyant voir apparaître un fantôme.

«Lorsque j'ai su que tu étais libéré, je me doutais bien que tu passerais par ici», dit-elle. Les retrouvailles sont chaleureuses.

«Raymond était bien aimé ici. Tout le monde se souvient de ses partys. Il était généreux et impressionnait car il était pilote. Tout le monde a été surpris lorsqu'il a été arrêté. Par la suite, on se disait: *Voyons, ça ne se peut pas, rester en prison si longtemps. Il y a des gens qui font pire que ça et qui ont moins que ça*», dit Lyna.

Mais d'autres Gaspésiens ne sont pas tombés de leur chaise, le 18 novembre 1992, en apprenant l'arrestation du pilote. «Le Québec ne le savait pas, mais nous autres, on s'en doutait», m'a chuchoté l'un d'eux, affichant un sourire complice.

Durant notre escapade, Boulanger a pris plusieurs photos qu'il s'est empressé d'envoyer à son amie colombienne au fur et à mesure qu'il les prenait. Tout au long du voyage de retour, je l'ai senti nostalgique, lui qui, rappelons-le, a connu ses seules années familiales un peu normales et heureuses en Gaspésie.

Aujourd'hui, sa famille est dispersée et diminuée. Sa fille Amber et son fils Faron habitent à Victoria, en Colombie-Britannique. Son père Wilfrid Joseph est mort en 2006. Son frère Alexander et sa sœur Margaret, dont il n'a jamais été très proche, sont également décédés respectivement en 2001 et 1986. Boulanger affirme que son amie colombienne n'est pas sa conjointe. Il en est cependant très proche et songe à partager sa vie entre le Québec et le Mexique une fois que sa sentence et ses conditions prendront fin et qu'il pourra récupérer son passeport. En revanche, la famille comptera bientôt un membre de plus alors que Raymond Boulanger sera grand-père pour la première fois.

Le pilote a plusieurs projets. Il veut recommencer à peindre et à faire de la photo. Il songe à s'acheter un hydravion Albatross Grumman H-16 dont il exhibe fébrilement les photos sur Internet. «Je veux faire des expéditions touristiques et des voyages de chasse et de pêche au Québec avec ça. Tu peux mettre 14 personnes là-dedans. C'est idéal pour voler dans le Grand Nord, pour la pêche ou pour les gens qui veulent voir les barrages et les Indiens dans leur milieu. Je démarrerai une entreprise légitime», anticipe-t-il. Boulanger, qui n'exclut pas de s'installer en Gaspésie, est également intéressé par la culture du chanvre, qui en est encore au stade artisanal au Québec mais qui prend de plus en plus d'ampleur. Le pilote souhaite s'impliquer avec son fils, si ce dernier décide de revenir dans la province où il est venu au monde.

*

«Le crime ne paie pas.» Ce titre d'une série de bandes dessinées des années 60 en France est devenu une expression consacrée. «À moins de se faire prendre», aurait cependant pu ajouter l'auteur. Même là, il y a toujours des exceptions à la règle. Boulanger a engrangé au fil des années tout ce qu'il faut pour s'assurer une retraite dorée, à lui et à ses proches. Il refuse de dévoiler quelque montant que ce soit, mais le lecteur pourra laisser aller son imagination en commençant par les six chiffres. À force d'être cuisiné sur le sujet, Boulanger finit par confirmer du bout des lèvres qu'il possède une villa au Mexique et d'autres propriétés obtenues comme garanties de dépôt pour des vols de cocaïne. Il dit avoir des intérêts dans des compagnies de gestion immobilière dans ce pays, en Colombie et en Belgique, des entreprises surnommées *pantallas*, mot qui veut dire «écrans». Mais les confidences s'arrêteront là.

Le pilote dit que ses dépenses sont minimes et qu'il n'est pas attaché aux biens de la terre. Tous les ans, il donne «beaucoup» d'argent à une fondation colombienne destinée à améliorer l'éducation aux enfants créée par la mère de... Pablo Escobar. Il dit avoir une relation détachée avec les billets verts, mais il bondit d'indignation lorsqu'on lui rappelle que les commissaires aux libérations conditionnelles soulignent dans toutes

Wilfrid Boulanger, le père de Raymond Boulanger, recevant la
médaille de la Reine vers le milieu des années 50 à Rimouski.

La maison donnée à Auguste Boulanger par le curé se dresse toujours à deux pas de l'église,
à Saint-Octave-de-Métis.

La maison d'enfance de Raymond Boulanger, rue des Vétérans à Rimouski, devenue rue des Braves.

Entre deux vols avec Air Calypso à l'automne 1973, Raymond Boulanger pratique la plongée avec son père au large de St. James, sur la côte ouest de la Barbade.

Raymond Boulanger s'apprête à décoller de l'aéroport international Grantley-Adams à Seawell, à la Barbade, à bord d'un Convair 440 d'Air Calypso au début des années 70.

À l'avant-plan, le Super Constellation Lockheed L-49 de ConifAir piloté par Raymond Boulanger durant la guerre contre la tordeuse.

Les enfants de Raymond Boulanger, Amber et Faron.

L'hôtel le Château Blanc dont était propriétaire Raymond Boulanger, à Bonaventure, s'appelle aujourd'hui le Riôtel.

Le fameux vol du 18 novembre 1992

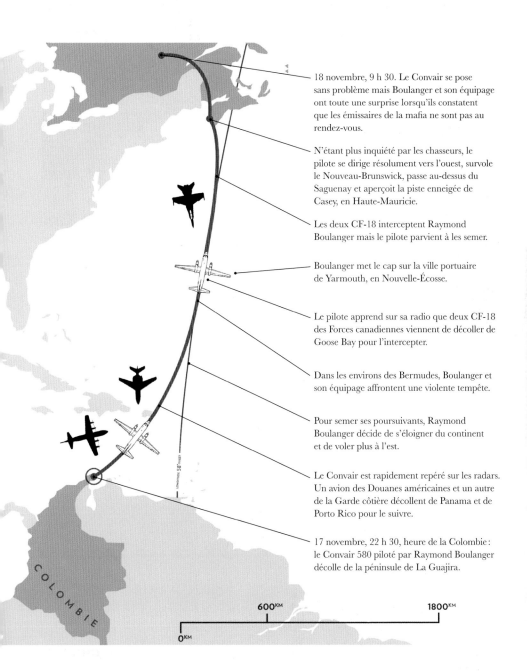

18 novembre, 9 h 30. Le Convair se pose sans problème mais Boulanger et son équipage ont toute une surprise lorsqu'ils constatent que les émissaires de la mafia ne sont pas au rendez-vous.

N'étant plus inquiété par les chasseurs, le pilote se dirige résolument vers l'ouest, survole le Nouveau-Brunswick, passe au-dessus du Saguenay et aperçoit la piste enneigée de Casey, en Haute-Mauricie.

Les deux CF-18 interceptent Raymond Boulanger mais le pilote parvient à les semer.

Boulanger met le cap sur la ville portuaire de Yarmouth, en Nouvelle-Écosse.

Le pilote apprend sur sa radio que deux CF-18 des Forces canadiennes viennent de décoller de Goose Bay pour l'intercepter.

Dans les environs des Bermudes, Boulanger et son équipage affrontent une violente tempête.

Pour semer ses poursuivants, Raymond Boulanger décide de s'éloigner du continent et de voler plus à l'est.

Le Convair est rapidement repéré sur les radars. Un avion des Douanes américaines et un autre de la Garde côtière décollent de Panama et de Porto Rico pour le suivre.

17 novembre, 22 h 30, heure de la Colombie : le Convair 580 piloté par Raymond Boulanger décolle de la péninsule de La Guajira.

COLOMBIE

600 KM   1800 KM

0 KM

LONGITUDE 58 OUEST

Graphique Ghassene Jerandi, *La Presse*

Il a fallu des heures aux enquêteurs de la Gendarmerie royale du Canada pour décharger et sécuriser le Convair 580 sur la piste de Casey.
Archives *Allo Police*

Le Convair 580 est un avion cargo. Aucun siège n'avait été enlevé pour le vol.
Par contre, la carlingue était remplie de ballots et de réservoirs d'essence.
Archives *Allo Police*

Un drapeau canadien a malhabilement été peint par les trafiquants sur le fuselage du Convair.

La porte ouverte laissait déjà entrevoir une partie des 52 ballots de cocaïne chargés à bord de l'appareil.

L'appareil est demeuré sous haute surveillance même une fois déplacé à l'aéroport de Québec. Archives *Le Soleil*, Clément Thibeault

Les émissaires de la mafia ont laissé de nombreuses traces de leur passage près de la piste de Casey avant de partir trop tôt, le matin du 18 novembre 1992.

L'enquêteur René Rivard, qui a été le premier à entrer dans le Convair, tient la mitraillette trouvée sur le plancher de l'appareil.

Archives *La Presse Canadienne*, Paul Chiasson

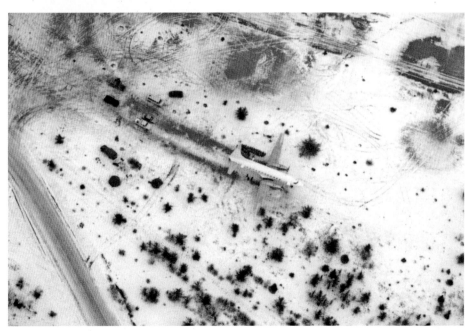

Cette photo aérienne de la piste de Casey et du Convair a été prise par les policiers dans les heures qui ont suivi les arrestations de Boulanger et des trois Colombiens et la saisie de la drogue.

Le célèbre clin d'œil fait par Raymond
Boulanger lors de sa comparution
au palais de justice de La Tuque,
le lendemain de son arrestation.
Archives *La Presse*, Robert Nadon

Un enquêteur de la GRC transporte fièrement un des ballots trouvés dans l'avion de Raymond Boulanger.
Archives *Le Journal de Montréal*

« La réalisation de la perfection pour nos meilleurs clients », pouvait-on lire sur l'emballage de plusieurs paquets de cocaïne.
Archives *Le Journal de Québec*

Deux semaines après la spectaculaire saisie de Casey, les enquêteurs de la GRC ont détruit les 4000 kilos de cocaïne dans un incinérateur de la région métropolitaine. Archives *Le Journal de Montréal*

Peu après son arrivée au pénitencier de Donnacona en 1993, Raymond Boulanger s'est lié d'amitié avec l'ex-associé du parrain Vito Rizzuto, Juan Ramon Fernandez (à gauche), assassiné en Sicile au printemps 2013.

Au pénitencier de Drummondville, en 1995, Raymond Boulanger et son équipage ne détestaient pas arroser leurs pique-niques d'un « Cuba Libre », un *drink* composé d'alcool frelaté, de Pepsi, de jus de canne à sucre et de fruits.

Raymond Boulanger exhibe fièrement son plat de poulet à l'ananas qu'il vient de concocter avec son mécano, Jorge Enrique Rojas.

Flanqué de son copilote Juan Carlos Montes-Restrepo et de son mécano Jorge Enrique Rojas, Raymond Boulanger montre sa toile reproduisant le fameux vol de novembre 1992 qu'il a intitulée *Heading North*.

Deux des 300 œuvres réalisées par Raymond Boulanger en prison.

Raymond Boulanger et son amie devant l'une de leurs maisons en Colombie. Il s'agit de sa dernière photo en cavale avant qu'il soit enlevé par des rebelles marxistes en janvier 2000.

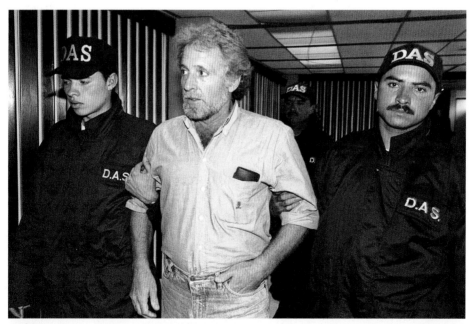

Le pilote est escorté par des membres de la police secrète colombienne juste avant d'être expulsé vers le Canada.

Archives *Agence France-Presse*

Vingt et un ans plus tard, des retrouvailles singulières en Gaspésie : celles de Raymond Boulanger et René Pelletier, l'un des deux enquêteurs de la GRC qui l'avaient arrêté à Casey, le 18 novembre 1992.

Raymond Boulanger, quelques jours après sa libération en mars 2013.
Photo Ivanoh Demers, *La Presse*

leurs décisions que son désir de faire de l'argent rapidement et facilement était l'un des principaux facteurs de sa criminalité.

«Non, jamais! Ce sont eux qui disent ça. Si j'avais voulu faire de l'argent facilement, j'aurais été joueur de hockey ou acteur à Hollywood. Mon argent, je l'ai gagné difficilement. C'était extrêmement risqué ce que je faisais. Je suis un professionnel et j'ai fait ma *job*. Vous n'êtes peut-être pas d'accord avec ça mais ça ne vous regarde pas. Je n'ai pas fait ça pour l'argent. Je l'ai fait car j'étais capable de le faire et j'aime l'aventure. Je suis un *junkie* de l'adrénaline. Ils n'ont jamais compris ça. Il est où le gain facile? Il n'y a rien de facile dans ça.

«Oui, l'argent va me permettre de vivre comme il faut un jour mais je n'ai jamais été le gars à "flasher", rouler, "péter de la broue", mettre de grosses montres et autres "bling-bling" pour montrer que j'en ai. Je n'ai pas été éduqué comme ça. Si tu as de l'argent, tu n'en parles pas et tu ne le montres pas. Surtout quand tu vis dans des pays comme la Colombie ou le Mexique car tu deviens une cible, autant pour la police que pour les bandits qui vont vouloir t'extorquer quelque chose à leur tour», dit-il.

Si Boulanger dit aujourd'hui qu'il n'est pas le genre à porter de belles montres, il l'a déjà été dans le passé. Et il sait de quoi il parle lorsqu'il recommande de ne pas exhiber sa fortune en Colombie. Il s'est en effet fait voler sa Rolex en or de 30 000 $ en pleine rue à Medellin, à l'été 1999, durant sa première cavale, par deux types armés arrivés en moto. L'un des deux est descendu de l'engin et a braqué son arme de poing dans le visage du pilote, sans dire un mot, en pointant sa montre. Il lui a ensuite arraché un bracelet en or avant de saisir son cellulaire et ses clés d'auto qu'il a lancés dans les broussailles. Pendant l'attaque, qui a duré quelques secondes, l'autre type pointait sa mitraillette vers des témoins de la scène. Les suspects sont ensuite repartis aussi rapidement qu'ils étaient arrivés. Boulanger a couru vers sa voiture garée tout près et plongé la main sous la banquette pour saisir son pistolet, mais ça s'est arrêté là. Quelques semaines plus tard, le pilote a appris que le vol aurait été perpétré par un groupe appelé «le gang des Rolex», des spécialistes qui arpentaient les lieux publics, repéraient les gens avec des montres de luxe et des bijoux de grande valeur et les filaient pour ensuite les détrousser. Mais ces voleurs de grand chemin ont commis deux erreurs majeures: ils ont volé plus dangereux qu'eux et ont vendu les fruits de leurs nombreux larcins au même individu qui a fini par se mettre à table. Les sept ou huit membres du groupe ont été retrouvés dans un champ avec une balle dans la tête et une pancarte portant l'inscription: «Voici ce qui arrive à ceux qui volent des Rolex.»

Le jour où il s'est fait détrousser, Boulanger a dû penser que l'argent ne fait pas le bonheur et que l'important, c'est la santé. Sauf qu'en juillet 2012, on a diagnostiqué chez lui la maladie de Waldenström, une forme très rare de cancer de la moelle osseuse qui attaque la production des cellules du sang et qui frappe chaque année environ quatre personnes sur un million, surtout des hommes âgés en moyenne de 63 ans. «Je ne suis pas capable de gagner cinq "cennes" à la loterie mais je fais partie d'un groupe de quatre personnes sur un million», dit le pilote en riant. Car Boulanger accepte la situation avec philosophie. C'est en 2009, lorsqu'il était au Leclerc, que des résultats d'analyses sanguines ont révélé un début d'anémie. Le niveau de globules rouges a continué de diminuer les deux années suivantes jusqu'à ce qu'un médecin recommande des examens plus poussés. Il a ensuite subi un traitement de chimiothérapie par intraveineuse durant un mois.

«J'étais assommé. C'est comme si tu te faisais frapper par un camion», décrit-il. Depuis, son état est stable et il n'a aucun symptôme, si bien qu'il n'a besoin d'aucun traitement ou médicament. Il voit son médecin tous les trois mois. «Ça ne m'inquiète pas et je n'y pense même pas. J'ai toujours été un adepte de la philosophie qui veut que si tu ne donnes pas d'importance à quelque chose, elle n'existe pas. Les médecins m'ont dit que je pouvais vivre longtemps comme ça. Je vais mourir doucement dans mon lit avec une caisse de bière volée et la femme d'un autre!» rigole Boulanger qui s'enorgueillit même que l'un des héros de l'histoire de l'aviation, Charles Lindbergh, soit décédé de cette maladie.

À 65 ans, Boulanger dit qu'il en a encore à vivre «pour un bon bout». Il ne regrette pas le fameux vol de novembre 1992, même si cette folle équipée l'a mené à passer 18 ans derrière les barreaux, le quart de sa vie actuelle. «Je connaissais les risques et je les ai assumés», dit-il. En revanche, il promet qu'on ne l'y reprendra plus. Aujourd'hui, il affirme même que s'il avait réussi, le vol de Casey aurait été son dernier coup. «Ça faisait déjà quelque temps que je n'en faisais plus lorsqu'ils m'ont approché. Je n'ai pas dit oui tout de suite car cela commençait déjà à être plus risqué de se faire prendre, en 1992. J'ai accepté car personne d'autre ne pouvait et ne voulait le faire. Et l'offre était tellement mirobolante. J'allais gagner un montant d'argent très élevé. Déjà, à 45 ans, mon plan était de prendre ma retraite, voyager, voler pour le plaisir et faire de la plongée. Je ne voulais plus être impliqué là-dedans», dit-il.

Des circonstances extraordinaires, soit son enlèvement par des rebelles marxistes, ont mené à son arrestation durant sa première évasion. Une erreur lors d'un retour à Montréal a causé sa perte la deuxième fois. Boulanger dit que s'il retournait en Colombie ou au Mexique, les autorités ne le retrouveraient jamais. Il n'exclut pas qu'il puisse être approché par des individus qui pourraient lui proposer du travail et des façons de sortir du pays clandestinement, mais il refuse l'offre d'avance.

«Même si j'étais approché, je ne suis pas intéressé. Je ne veux rien faire qui pourrait compromettre ma libération conditionnelle. La seule date que j'ai en tête, c'est celle de la fin de ma sentence. Le lendemain, je serai au bureau des passeports pour aller partout où ça va me tenter sur le globe, sans avoir constamment une épée de Damoclès au-dessus de la tête.

« Cette partie-là de ma vie est finie, une autre commence. Il y a d'autres choses que je veux explorer. Une carrière de narco-trafiquant, ça dure un temps. À 65 ans, je n'ai plus les réflexes que j'avais. Je me sens maintenant comme un vieux cheval de guerre qui a terminé ses missions et qu'on envoie au pâturage. »

Chapitre 15
Le père de famille

Après avoir vécu loin de ses enfants depuis leur naissance, l'heure est venue de rattraper le temps perdu pour Raymond Boulanger. Amber et Faron sont maintenant dans la fin trentaine et ont très peu vu leur père durant cette vie marquée par les activités clandestines, un va-et-vient constant entre les continents et les cavales. Les images de son père sont rares dans les lointains souvenirs du fils.

«Ce dont je me souviens le plus, ce sont les tours d'avion avec mon père lorsque nous habitions sur les rives de la rivière Bonaventure. J'avais environ deux ans et je m'assoyais sur ses genoux. Nous décollions et atterrissions sur la rivière avec des flotteurs. C'était très amusant. J'en vois tout le temps des hydravions à l'endroit où j'habite et je m'ennuie de ça», décrit Faron, qui se souvient également d'avoir joué sur la plage de la baie des Chaleurs, devant le Château Blanc.

Par la suite, la vie des enfants Boulanger se plie avec leurs effets personnels dans leurs valises. La relation de leurs parents est marquée par les ruptures et les réconciliations, si bien que la famille alterne entre la Gaspésie, Montréal et la Floride. Dans cet État américain, les Boulanger ne resteront que six mois car les enfants ne pourront obtenir les documents adéquats pour fréquenter l'école.

Puis, c'est le divorce définitif qui amène les enfants et leur mère à s'installer d'abord dans la région d'Ottawa et ensuite à Edmonton, en Alberta. La relation est si tendue entre les parents que les déménagements se font parfois à la sauvette. «À Ottawa, il venait nous chercher en avion pour la fin de semaine. Mais, par la suite, ma mère nous amenait ailleurs sans lui donner d'adresse et il devait nous chercher. Cela pouvait prendre quelque temps. Il faisait toujours un effort pour nous retrouver et venir nous voir. Peut-être pas autant que j'aurais voulu mais ça me satisfaisait quand même. Mais c'est sûr que ce n'était pas une enfance normale», dit Faron. Selon ce dernier, lui et sa sœur ont généralement vu leur père «au moins une fois par année» dans leur jeunesse, sauf à une reprise où il s'est écoulé plus de deux ans entre les retrouvailles. «Sinon, il nous parlait régulièrement au téléphone», dit-il.

À l'adolescence, Faron a commencé à avoir des doutes sur la véritable carrière de son père, qui n'avait pas de travail officiel mais affichait un important train de vie. «Le dernier travail légal de mon père dont je me souvienne, c'était l'arrosage en Gaspésie. Après ça, il ne nous parlait jamais de ses emplois. Mais, année après année, je commençais à mettre les pièces du casse-tête en place.»

«J'ai commencé à réaliser, je me disais que ça ne se pouvait pas, juste par le style de vie. Il n'avait pas d'emploi, il avait toujours de l'argent et voyageait partout dans le monde et en Colombie. Il était toujours bien habillé. Un peu comme un gangster (*mobster*), il portait des vêtements *fancy*, de belles montres, et séjournait dans de grands hôtels. Il nous racontait des histoires qui ressemblaient à celles des pirates», décrit Faron.

Ce dernier était à Edmonton et avait 15 ans le 19 novembre 1992, lorsque sa mère l'a appelé pour lui demander s'il avait vu la première page du journal ce matin-là.

– Non, répond-il, intrigué.

214

– Va voir, dit-elle simplement.

« Lorsque j'ai vu sa face sur le journal j'ai dit : *Wow, c'est quoi ça ?* Je n'en revenais pas. J'avais des doutes mais je ne croyais pas que c'était si gros que ça. J'ai réalisé que mon père avait des contacts et n'était pas un *nobody* dans le domaine », dit-il.

Mais les enfants Boulanger n'en sauront pas beaucoup plus sur la vie tumultueuse de leur père. Dans leurs nombreuses conversations pendant que ce dernier est en prison, Boulanger est très discret sur la CIA, Pablo Escobar et le reste, « car il ne pouvait pas tout raconter au téléphone, c'était risqué », croit Faron.

Peu de temps après sa première évasion, à l'été 1998, Boulanger a reçu ses enfants en cachette dans sa planque du centre-ville de Montréal. Ceux-ci étaient venus dans la métropole pour des funérailles. Il les a amenés au restaurant, puis magasiner. Faron se rappelle que son père se préparait à retourner en Colombie. Puis, plus rien. Le pilote est ensuite disparu et les enfants ne l'ont plus revu et ne lui ont plus reparlé jusqu'à ce qu'il soit de nouveau arrêté en Colombie et expulsé dans les circonstances que l'on connaît au début de 2000. Faron ne se souvient pas avoir vu ou parlé à son père durant sa seconde cavale.

Fait à noter, malgré tout le retentissant battage médiatique que cette affaire a connu au Québec et au Canada, Faron, qui porte pourtant le nom de famille de Boulanger, n'a jamais été questionné ou été la cible d'allusions au sujet des activités de son père. Visiblement, personne n'a fait de lien entre lui et le pilote. Il a vécu dans l'Ouest canadien durant de longues années avant de revenir temporairement à Montréal, en 2006. Même une fois revenu au Québec, c'était le silence radio. Il faut dire que le jeune homme ne l'a jamais crié sur tous les toits. « Lorsque j'avais une nouvelle blonde, que j'allais souper chez ses parents et que ceux-ci me demandaient ce que mon père faisait dans la vie, je répondais simplement qu'il était pilote avant de changer de sujet », raconte-t-il en riant.

Aujourd'hui, Faron ne craint plus d'être reconnu. Le temps a fait son œuvre et il ne peut changer le passé. «C'est la vie de mon père et non la mienne. Avec moi, il a toujours été gentil et a fait des efforts pour rester dans notre vie. Et il restera toujours mon père avant tout», dit Faron qui n'a pas de regret.

«Non, pas vraiment. Je n'ai jamais connu autre chose. J'aurais préféré qu'il soit plus proche mais à part ça, non. Je ne peux pas vraiment dire que ça m'a dérangé car c'était normal pour moi. Il n'était peut être pas toujours là en personne mais il était toujours au bout du téléphone. Il a gardé contact tout au long de ma vie.»

Au moment d'écrire ces lignes, Faron et sa sœur habitaient à Victoria, en Colombie-Britannique. Il était cuisinier dans un luxueux hôtel de la grande ville de l'île de Vancouver mais lui et sa conjointe enceinte projetaient de revenir à Montréal. Le fils du pilote veut suivre des cours et construire des avions. La cuisine et les avions, deux des grandes passions de son paternel. Mais les comparaisons s'arrêtent là.

Chapitre 16
Le mystère Boulanger

Il y a 20 ans, des indications, surtout alimentées par les propos et gestes de Boulanger lui-même, voulant que le pilote ait été informateur pour la police circulaient déjà dans les journaux. On ne peut les ignorer aujourd'hui. Vingt ans plus tard, des gens crédibles à qui j'ai parlé pour la rédaction de ce livre et qui ne sont pas cités n'écartent toujours pas la thèse voulant que Boulanger ait été une source de la Sûreté du Québec (SQ). Certaines d'entre elles vont jusqu'à me faire part d'ententes entre lui et la police qui relèvent de scénarios dignes de films hollywoodiens. D'autres vont même jusqu'à dire qu'un enquêteur de la Sûreté du Québec «contrôlait» le pilote et que le nom de ce dernier apparaissait sur une liste de «sources codées», des termes utilisés exclusivement pour désigner des informateurs reconnus. La SQ ne confirmera jamais une telle information.

Boulanger nie avec véhémence avoir été un informateur. «Si des gens à la SQ ont conclu que j'étais un informateur ou une source codée, si c'est comme cela qu'ils ont interprété mon voyage à San Francisco, c'est de leurs affaires. Moi, je n'ai jamais signé de contrat avec eux et je n'ai jamais été informateur pour personne», dit-il.

En revanche, le pilote admet avoir collaboré avec la police dans l'histoire d'importation de 75 tonnes de haschisch et des congélateurs qu'il avait loués au crime organisé dans son entrepôt du chemin de la Côte-de-Liesse et qu'il appelle l'affaire de San Francisco. Il affirme qu'à cette époque, il était officiellement un «homme d'affaires» qui n'avait pas de casier judiciaire au Québec, et qu'il a aussi voulu éloigner la police qui ignorait tout de ses véritables activités de trafic de pièces d'avion et autres et de ses liens étroits avec les cartels colombiens. Il raconte également qu'en 1996, un enquêteur de la SQ et un collègue sont venus le voir en prison pour qu'il témoigne dans l'affaire de l'importation de haschisch, mais qu'il a refusé leur offre. Rappelons qu'à ce moment, il faisait toujours l'objet d'un mandat d'arrestation aux États-Unis.

*

Plusieurs sources dignes de foi m'ont confié qu'en novembre 1992, les membres de la défunte et redoutable escouade de la répression du banditisme de la Sûreté du Québec savent qu'une importation de cocaïne en provenance de la Colombie se prépare. Les enquêteurs ne connaissent pas la quantité attendue, ne sont pas certains du moyen de transport utilisé et ignorent le moment exact de son arrivée. En revanche, ils savent bien d'autres choses.

Ex-enquêteur à l'escouade du crime organisé de Saint-Jérôme, Michel Gervais se souvient que les enquêteurs de Montréal ont appelé son patron à l'automne 1992 parce qu'ils suspectaient qu'un avion se poserait dans les Laurentides. Le mandat lui a été donné de visiter quatre aéroports à Saint-Donat, Mascouche, Bellefeuille et Saint-Jovite. Dans la plupart des cas, il a jugé que leurs pistes étaient trop courtes car on soupçonnait que l'appareil utilisé serait de bonne taille. On lui dit également que les chances seraient grandes que les trafiquants utilisent un camion-citerne pour refaire le plein de l'avion après le déchargement et il s'informe donc sur un tel véhicule qui est alors en vente à Saint-Janvier.

Les enquêteurs de la répression du banditisme ont également déjà ciblé l'organisation de Christian Deschênes et le laboratoire de Laval, et connaissent même les financiers de l'opération. Ils savent également que les trafiquants utiliseront deux véhicules pour transporter la drogue : un camion-citerne à essence et un véhicule à plate-forme qui auront tous deux été modifiés par les suspects. Ils sont même tellement avancés dans leur enquête qu'ils ont déjà identifié l'un des deux véhicules, qu'ils savent où et par qui il a été modifié, et sont déjà prêts à le suivre lorsque le jour J arrivera. Mais lorsque celui-ci se lèvera, ils seront totalement pris par surprise.

Ces mêmes sources affirment unanimement en effet que la Sûreté du Québec ignorait tout de l'arrivée de l'avion à Casey le matin du 18 novembre 1992. D'ailleurs, la SQ se fait doubler par la GRC et Dieu sait que les relations étaient très tendues entre les deux corps de police à cette époque. La solide unanimité de nos sources tend à démontrer que les propos que Boulanger aurait tenus ce jour-là au marchand Jean Hudon et au pilote Sylvain Aubin au moment de son arrestation au sujet d'une collaboration avec la Sûreté du Québec relevaient surtout d'une manœuvre pour tenter de se sortir de ce mauvais pas.

Si le nom de Boulanger a déjà figuré sur une liste de sources, on doit conclure que le pilote n'a pas été très prolifique pour la police et que la collaboration fut de courte durée. Surtout lorsque l'on se pose les questions suivantes : quel aurait été son intérêt, lui qui engrangeait les millions en Colombie, à des dizaines de milliers de kilomètres, bien à l'abri des regards de la police canadienne ? Comment a-t-il pu être condamné à une peine aussi longue ? Comment aurait-il pu retourner en Colombie et reprendre ses activités pour les impitoyables cartels lors de sa première cavale sans risquer de se faire tuer ? Comment a-t-il pu côtoyer étroitement des membres influents de la mafia durant ses longues années de détention et pourquoi ceux-ci sont-ils intervenus pour calmer le jeu en sa faveur? Aurait-il multiplié les entrevues avec les médias comme il l'a fait et aurait-il pu afficher, sans courir le risque d'être démasqué, une telle rancœur envers la justice canadienne?

Cela fait beaucoup de questions pour une seule réponse que très peu de gens connaissent et que, de toute façon, ils ne diront peut-être jamais.

Note de l'auteur

L'essentiel du contenu de ce livre repose sur des centaines de pages de documents judiciaires et correctionnels, des dizaines d'articles de journaux de l'époque et d'aujourd'hui, plusieurs entretiens avec des acteurs de ce fameux jour du 18 novembre 1992 et des gens qui ont connu le pilote et, surtout, sur une quinzaine d'entrevues de plusieurs heures chacune que j'ai réalisées avec Raymond Boulanger entre la fin mai et la fin août 2013.

L'histoire de Boulanger, c'est aussi, un peu, celle du Bas-du-Fleuve, de la Gaspésie, de l'industrie aérienne, du conflit au Nicaragua, du Panama, des cartels colombiens, de Pablo Escobar, d'enquêteurs de la police, de criminels organisés, du système carcéral, de la justice et j'en passe. Je ne compte plus les heures passées en recherches sur Internet et ailleurs et celles tout aussi nombreuses à éplucher des documents pour contre-vérifier des informations. Je dirais que dans 90 % des cas, cela a été possible.

Mais si certains faits ont été omis de façon bien involontaire, d'autres l'ont été intentionnellement. Dans l'expression «biographie autorisée», il y a le mot «autorisée». Boulanger a occupé une place majeure dans la hiérarchie des intraitables cartels colombiens, ou encore a été associé à d'autres groupes criminels qui ne pardonnent pas. Il a été membre de ces associations où la règle numéro un est celle du silence. Il ne peut tout dire ce qu'il sait et la «loi du milieu» ne l'autorise pas à le faire, surtout que bien des acteurs de l'époque, notamment du fameux vol de 1992, sont toujours vivants et que la moindre virgule mal placée peut avoir de graves répercussions alors que le crime organisé montréalais est encore en proie à une certaine fragilité. N'oublions pas non plus que le pilote est toujours en liberté sous conditions. Il a assurément évité de faire des confidences qui pourraient le ramener derrière les barreaux d'ici la fin de sa sentence, en 2019. On peut penser qu'après cette date, il aura d'autres choses à raconter…

Cette biographie a beau avoir été autorisée par le pilote, ce dernier m'a tout de même donné carte blanche pour fouiller et documenter son récit. Je me suis parfois senti comme Icare en progressant dans cette histoire devenue peu à peu semi-autorisée. Le lecteur aura sûrement remarqué que Boulanger n'est pas à une contradiction près, ne souffre pas d'un complexe d'infériorité et a des idées très arrêtées, notamment sur la justice, la consommation de drogue, la société et les changements qui ont affecté Montréal durant sa longue incarcération. «*Il n'y a pas d'argent sale*» et «*Mon principal problème, c'est que je n'ai jamais été repentant*» reviennent régulièrement dans son discours. Celui-ci détonne et fait sûrement sursauter le lecteur en cette ère où le *politically correct* et la langue de bois dominent. Ses déclarations n'engagent en rien l'auteur et les Éditions La Presse. Qu'on soit d'accord ou non avec les propos, ils décrivent Boulanger qui est le sujet de ce livre. Loin de nous l'intention d'en faire un héros. Nous n'avons voulu que raconter sa vie et le lecteur jugera.

Durant le travail d'édition, on m'a fait remarquer que je mettais parfois un peu trop de détails. C'est vrai. La vie de Boulanger est digne d'un roman, mais je ne suis pas un romancier avec une belle plume, je suis un journaliste qui possède une écriture correcte, dictée par les faits. Le diable est dans les détails, dit-on. J'ai préféré les laisser car ils permettront aux lecteurs, surtout ceux à l'œil et aux connaissances un peu plus aiguisés, de lire entre les lignes.

On dit que les regrets ne sont jamais bons, mais j'en ai tout de même un. J'aurais bien aimé parler au pilote du F-18 qui s'est approché de l'aile de Boulanger ce fameux jour de novembre 1992, mais, malheureusement, cela fut impossible. Mais je ne perds pas espoir d'avoir de ses nouvelles un jour.

Enfin, j'ai eu énormément de bonheur à écrire ce livre qui raconte une histoire qui coule comme la rivière Bonaventure. J'espère simplement que le lecteur aura autant de plaisir à le lire.

Daniel Renaud

Chronologie

17 février 1948 : naissance de John Raymond Boulanger à Rimouski.

6 avril 1965 : premier vol en solo à 17 ans à Wabush.

1973 : premiers vols de marijuana.

6 avril 1976 : naissance de sa fille Amber à L'Annonciation.

26 mai 1977 : naissance de son fils Faron à Maria, en Gaspésie.

1984 : début de son implication auprès de la CIA et des cartels colombiens.

Été 1988 : première arrestation à la frontière américaine.

18 novembre 1992 : arrestation avec 4000 kilos de cocaïne à Casey.

1er février 1993 : condamnation à 23 ans de prison.

14 juillet 1998 : première évasion.

28 janvier 2000 : enlèvement en Colombie par des rebelles marxistes.

28 février 2000 : arrestation en Colombie et retour au Canada.

6 juillet 2001 : deuxième évasion.

7 août 2002 : arrestation à Montréal.

6 mars 2013 : libération d'office.

Février 2019 : fin de sa sentence.

Remerciements

Linda Fournier, greffière, pour son aide et sa prolifique photocopieuse.

Les caporaux Christian Lamarre, Luc Thibault et Carine Cordey de la GRC pour m'avoir trouvé des témoins et des renseignements essentiels.

L'enquêteur à la retraite René Pelletier de la GRC pour son hospitalité et son calepin magique.

Le lieutenant Michel Brunet de la Sûreté du Québec.

Me Gilbert Frigon pour m'avoir ouvert ses archives, avec la permission de son client.

L'enquêteur à la retraite Mike Roussy de la GRC pour m'avoir aiguillé.

Le lieutenant-colonel à la retraite des Forces armées canadiennes Réjean Duchesneau pour ses recherches dans les labyrinthes administratifs de la fonction publique fédérale.

Les journalistes retraités (ou presque) André Cédilot et Michel Auger pour quelques indications opportunes. Merci également au journaliste à la retraite Marcel Laroche, de *La Presse*.

Le retraité du Laboratoire des sciences judiciaires du ministère de la Sécurité publique, Fernand Mercier, pour son carnet de numéros de téléphone.

Le journaliste Peter Edwards du *Toronto Star* pour ses articles sur le projet Olco.

Alexandra McEwen de Bibliothèque et Archives Canada pour ses trouvailles.

D et S pour leur hospitalité et leurs talents culinaires.

Mathieu Vleminckx et Ivan Lamontagne de LP8 Média pour la finition.

Yves Bellefleur et Martine Pelletier des Éditions La Presse pour être demeurés patients malgré la pluie de courriels.

Nathalie, pour avoir accepté le bruit incessant des doigts tapant sur le clavier sur la plage d'Avalon.

Mathilde, pour tous les films qu'on n'a pu voir au cinéma, faute de temps, mais que l'on finira bien par rattraper…